46705

MÉTHODE

RAISONNÉE

DE PLAIN-CHANT.

PARIS. — IMPRIMERIE D'ADRIEN LE CLERE ET Cie,
RUE CASSETTE, N° 29, PRÈS SAINT-SULPICE.

MÉTHODE

RAISONNÉE

DE PLAIN-CHANT

A L'USAGE

DE TOUS LES DIOCÈSES

ET PARTICULIÈREMENT

DE CEUX QUI SUIVENT LE RIT PARISIEN ;

Par l'Abbé *****,
DU DIOCÈSE D'ARRAS.

> Ut in omnibus ecclesiis ars cantús
> meliùs doceatur et addiscatur.
>
> (*Concile de Lyon*, en 1274.)

PARIS.

LIBRAIRIE D'ADRIEN LE CLERE ET Cⁱᵉ,
RUE CASSETTE, Nº 29, PRÈS SAINT-SULPICE ;

A LILLE, CHEZ L. LEFORT ;

A ARRAS, CHEZ H. DUPREZ.

—

1840.

MÉTHODE

RAISONNÉE

DE PLAIN-CHANT.

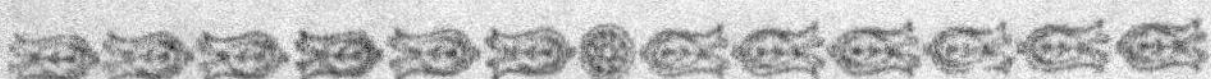

Nous divisons cette Méthode en trois parties. La première traitera de la théorie du plain-chant ; la seconde de l'exécution ; la troisième tracera la marche qu'un maître doit suivre pour former un élève dans l'étude du chant.

PREMIÈRE PARTIE.

DE LA THÉORIE DU PLAIN-CHANT.

CHAPITRE PREMIER.

NOTIONS GÉNÉRALES.

Les physiciens désignent par le mot générique *son*, toute sensation perçue au moyen de l'organe de l'ouïe.

Le son en général est formé par l'agitation imprimée

à l'air par la collision de deux corps, et communiquée à l'organe auditif.

Si l'on jette une pierre dans une eau tranquille, on voit aussitôt se dessiner à la surface un mouvement circulaire qui, partant de l'endroit de la chute, s'étend au loin et disparaît insensiblement. Tel on peut se représenter le son dans l'air. Quand un corps en frappe un autre, un mouvement vibratoire s'établit dans l'air environnant, et y produit des ondes circulaires qu'on appelle *ondes sonores*. Ces ondes agitées viennent frapper la partie de l'oreille appelée *tympan*, et font ressentir par leur choc à l'organe de l'ouïe la sensation qu'on nomme généralement *son*.

Le mouvement imprimé aux particules aériennes peut former des vibrations vagues, irrégulières et indéterminables, comme celui qui est produit par la voix de l'homme parlant ou criant ; il peut former des ondulations régulières, permanentes et saisissables à cause de leur fixité, comme celui qui est produit par la voix de l'homme chantant.

La sensation produite par le premier mouvement constitue un *son inappréciable*, et s'appelle *cri* ou *bruit*, selon qu'elle est formée par des corps animés ou inanimés.

La sensation occasionnée par le second mouvement forme un *son appréciable* ou *musical*.

La science qui s'occupe du son en général s'appelle *acoustique* (1).

(1) Acoustique vient du grec *akouô*, j'entends.

La *musique* (1) s'occupe du seul son appréciable.

Le son appréciable forme donc toute la base de la musique, ou, si on peut le dire, la matière musicale.

En tant qu'elle recherche et établit les principes physiques du son appréciable, les raisons intrinsèques de ses combinaisons et les causes des affections qu'il produit, la musique est une science et peut se définir : *la science des sons*, comme les mathématiques *la science des nombres*.

En tant qu'elle s'occupe de la manière de combiner les sons pour en former des chants agréables à l'oreille, la musique n'est plus qu'un art, et peut se définir : *l'art de bien chanter*, comme l'éloquence *l'art de bien parler*.

La musique considérée comme art renferme deux parties bien distinctes, la composition et l'exécution.

Sous le rapport de la *composition*, la musique est l'art d'inventer des chants selon certains principes donnés et d'une manière agréable à l'oreille.

Sous le rapport de l'*exécution*, la musique est l'art d'exprimer, selon certaines règles reçues, des chants créés par un compositeur.

Chacune de ces parties renferme aussi deux choses

---

(1) On suppose communément que le mot musique vient du latin *musa*, parce que les anciens croyaient que les Muses avaient inventé cet art qu'ils ne distinguaient pas de la poésie. Chez eux, comme on le sait, les pièces de poésie n'étaient jamais lues, mais toujours chantées. Le poëte était nécessairement musicien, et le musicien nécessairement poëte. Aussi ces deux dénominations étaient synonymes.

bien distinctes, la *théorie* ou les règles que l'on doit suivre dans la composition et l'exécution de tout chant, soit mélodique, soit harmonique; la *pratique* ou la mise en action de ces règles.

C'est ainsi que dans l'éloquence on distingue la composition, la déclamation, la connaissance des règles que l'on doit observer dans chacune de ces parties de l'art oratoire et l'observance même de ces règles.

Boëce veut qu'on n'honore du nom de *musicien*, que ceux qui possèdent l'art musical considéré sous le double rapport de la composition et de l'exécution. Selon *J. J. Rousseau*, celui dont tout le talent se borne à la simple exécution des notes, et qui ne pratique la musique que par le ministère servile des doigts ou de la voix, ne mérite pas plus le nom de musicien, que l'enfant qui lit avec perfection un chef-d'œuvre d'éloquence ne mérite le nom d'orateur. On n'est pas même musicien, parce qu'on connaît les règles de la composition et de l'exécution musicale, pas plus qu'un écolier n'est éloquent, parce qu'il possède la connaissance des règles de la grammaire et de la rhétorique.

Le génie et le talent de la composition caractérisent donc surtout le musicien. La connaissance des règles peut s'acquérir; mais il en est du compositeur comme du poète :

> S'il n'a reçu du ciel l'influence secrète,
> Pour lui Phœbus est sourd et Pégase est rétif.

Les peuples de l'antiquité étaient beaucoup plus

avares encore du titre de musicien. Sous le nom de musique, ils ne comprenaient pas seulement l'art de composer et d'exécuter des chants; chez eux, la poésie, la rhétorique, la parole, la déclamation, le geste, la danse et tous les autres arts en général formaient des parties intégrantes de l'art musical.

Dans tout son appréciable on distingue le ton, la force, le timbre, la durée. Sous ces rapports, le son se modifie: 1° du grave à l'aigu; 2° du fort au faible; 3° de l'aigre au doux; 4° du lent au vite; et réciproquement.

Le son appréciable peut être produit, soit par la voix de l'homme, soit par un instrument; la musique se divise par-là même en *vocale* et en *instrumentale.*

La somme de tous les sons qu'un homme peut former en chantant constitue sa *voix de chant.*

La voix est formée par la partie du *larynx* appelée *glotte*, laquelle est mise en vibration par l'air chassé des poumons par la *trachée-artère.*

C'est un phénomène constant d'acoustique que plus un tube a de largeur et de longueur, plus une corde est épaisse, longue et faiblement tendue, plus aussi les sons produits par les vibrations de ces corps sont graves, et réciproquement. C'est sur ce fait que repose la variété tonale des sons de la voix. L'organe producteur des sons vocaux est composé, comme un instrument, de cordes qu'on peut appeler *cordes vocales.* Par la faculté que l'homme possède de leur donner une tension plus ou moins grande, en même temps qu'il les met en vibration par l'air chassé des poumons, il donne naturellement naissance à des sons graves ou aigus.

Chaque individu a sa voix particulière qui se distingue de toute autre voix par quelque différence propre, comme un visage se distingue d'un autre; mais il y a aussi de ces différences qui sont communes à plusieurs, et qui forment par-là même autant d'espèces particulières de voix.

Le caractère par lequel on distingue généralement les voix ne se tire ni de leur force, ni de leur timbre, mais de leur ton ou du degré qu'elles occupent dans le système général des sons.

On distingue quatre voix principales et deux intermédiaires.

On nomme *dessus*, la voix élevée des femmes, et leur voix basse, *haute-contre*. La voix aiguë de l'homme s'appelle *taille*, sa voix grave, *basse*.

Il y a des voix de femmes qui n'atteignent ni les sons aigus du dessus, ni les sons graves de la haute-contre, on les appelle *second-dessus* ou *bas-dessus*.

Il y a des voix d'hommes qui ne parviennent ni jusqu'aux sons élevés de la taille, ni jusqu'aux sons graves de la basse; elles prennent le nom de *basse-taille*.

Ces différentes voix mises en ordre forment une étendue générale d'à peu près trois octaves.

L'étendue des sons qu'une voix peut naturellement

parcourir dans l'ordre du grave à l'aigu, constitue son *diapason*.

Dans la transition progressive du grave à l'aigu, la voix de tout individu offre une qualité de sons distincte. Chaque section de notes formant une qualité de sons particuliers, s'appelle *registre de voix*.

La voix se tire soit de la *poitrine*, soit du *médium*, soit enfin de la *tête*; de là trois registres de voix différens.

La plupart des voix ont ces trois registres. Quelques-unes n'en possèdent que deux, d'autres enfin n'en ont qu'un seul.

Tout individu possède deux espèces de voix, la *voix naturelle*, et la voix appelée chez l'homme *fausset*.

La voix des garçons ressemble à celle des femmes, et forme un dessus ou une haute-contre. Quand ils passent de l'enfance à la puberté, leur voix change et prend le caractère d'une des voix d'homme. On appelle ce passage la *mue*.

Les instrumens qui produisent des sons musicaux se rangent en trois catégories. Les instrumens à *cordes*, tels que le piano, la basse; les instrumens à *vent*, tels que le serpent, le trombone; les instrumens à *percussion*, tels que le tambour, les cymbales.

La musique de chant est préférable à la musique instrumentale. « La voix humaine, dit *Castil-Blaze*, est le plus beau moyen d'exécution que la musique possède. » Nul instrument, malgré de nombreuses recherches, n'a su approcher de la voix. On est parvenu à imiter le chant des oiseaux, les cris de divers animaux; mais imiter parfaitement la voix humaine reste encore à faire. Les instrumens n'ont été inventés que pour l'accompagnement ou l'imitation de la voix. Réunies l'une à l'autre, la musique vocale et la musique instrumentale se donnent un mutuel embellissement.

La musique, soit vocale, soit instrumentale, se divise en *musique véritable* et en *plain-chant* (1).

La musique véritable se partage en cinq classes. La musique d'*église*, la musique de *théâtre*, la musique de *salon*, la musique *militaire* et la musique *dansante*.

Le plain-chant se divise en trois catégories. Le plain-chant *battu*, le plain-chant *mesuré* et le plain-chant *libre*.

Le plain-chant prend enfin les différentes divisions et dénominations d'*ambrosien*, *grégorien*, *romain*, *gallican*, *parisien*, etc., selon qu'il a été composé par saint Ambroise ou saint Grégoire, et suivi à Rome, ou qu'il a été inventé et suivi dans les Gaules et à Paris.

Jusqu'au quatrième siècle, on ne connut point cette distinction qui existe aujourd'hui de musique et de plain-chant. Tout chant était généralement appelé musique. Mais vers cette époque, la musique ayant pris un caractère tout-à-fait nouveau, l'Église conserva toujours dans son chant la simplicité et la naïveté de l'ancienne musique, et lui donna, pour le distinguer de la musique nouvelle, le nom de plain-chant.

Saint Ambroise, évêque de Milan, fut l'inventeur

______

(1) Cette dénomination est tirée de la nature même de ce chant qui, par l'égalité de sa mesure et l'uniformité de son mouvement, marche toujours, contrairement à la musique, sur un plan uni.

du plain-chant, c'est-à-dire qu'il donna le premier une forme et des règles au chant ecclésiastique, pour l'approprier mieux à son objet et le garantir de la barbarie et du dépérissement où tombait de son temps la musique. Saint Grégoire, pape, le perfectionna et lui donna la forme qu'il conserve encore aujourd'hui à Rome et dans les autres églises où se pratique le chant romain. L'Eglise gallicane n'admit qu'en partie le chant grégorien. Elle le perfectionna insensiblement par des additions et des retranchemens, et se forma peu à peu un chant particulier qu'on appelle gallican, parisien, etc.

« Le plain-chant tel qu'il subsiste encore aujourd'hui n'est donc, comme le dit *J. J. Rousseau*, qu'un reste précieux de l'ancienne musique grecque, laquelle, après avoir passé par les mains des barbares, n'a pu perdre encore toutes ses premières beautés. Il lui en reste assez pour être de beaucoup préférable, même dans l'état où il est actuellement et pour l'usage auquel il est destiné, à ces musiques efféminées et théâtrales, ou maussades et plates, qu'on y substitue en quelques églises, sans gravité, sans goût, sans convenance et sans respect pour le lieu qu'on ose ainsi profaner.

« Malgré les pertes si grandes, si essentielles du *rythme* et du *mètre*, que les chrétiens firent subir à la musique ancienne en la transportant à la prose des livres sacrés ou à je ne sais quelle barbare poésie, pire pour la musique que la prose même, le plain-chant, conservé d'ailleurs par les prêtres dans son caractère primitif, offre encore aux connaisseurs de précieux fragmens de l'ancienne mélodie et de ses divers modes.

Ces modes, tels qu'ils nous ont été transmis dans les chants ecclésiastiques, y conservent une beauté de caractère et une variété d'affections bien sensibles aux connaisseurs non prévenus et qui ont conservé quelque jugement d'oreille pour les systèmes mélodieux établis sur des principes différens des nôtres.

» Mais on peut dire qu'il n'y a rien de plus ridicule et de plus plat que ces plain-chants accommodés à la moderne, prétintaillés des ornemens de notre musique, et modulés sur les cordes de nos modes ; comme si l'on pouvait jamais marier notre système harmonique avec celui des modes anciens qui est établi sur des principes tout différens. On doit savoir gré aux évêques, prévôts et chantres qui s'opposent à ce barbare mélange, et désirer, pour le progrès et la perfection d'un art qui n'est pas à beaucoup près au point où on croit l'avoir mis, que ces précieux restes de l'antiquité soient fidèlement transmis à ceux qui auront assez de talent et d'autorité pour en enrichir le système moderne. Loin qu'on doive porter notre musique dans le plain-chant, je suis persuadé qu'on gagnerait à transporter le plain-chant dans notre musique ; mais il faudrait pour cela avoir beaucoup de goût, encore plus de savoir, et surtout être exempt de préjugés. » (*Dict. de mus.*)

La supériorité du plain-chant sur la musique étant constatée par le témoignage même d'un ennemi de l'Eglise, nous pourrions chercher à connaître lequel du chant romain ou du chant parisien surpasse l'autre. Mais cette question ne pouvant se vider que par le rapprochement des pièces prises en ces deux chants, nous nous abstiendrons de discuter ce point, pour éviter trop de longueur. Du reste, notre préférence pour le chant parisien est bien arrêtée, et tout connoisseur desintéressé qui comparera la riche et noble poésie de la liturgie parisienne, avec la prose souvent mal rimée du Bréviaire romain, la belle variété de ses hymnes, de ses proses et de ses chants en général, avec les chants si souvent répétés du romain ; le goût éclairé et judicieux qui a présidé à la rédaction de ce chant grave et majestueux, avec le caractère suranné et souvent insignifiant du chant grégorien, partagera facilement notre prédilection.

Le chant romain possède réellement des beautés grandes et nombreuses ; mais la longue habitude de l'entendre et de le chanter ne contribue point peu à relever son mérite dans l'esprit des chantres qui veulent lui donner le premier rang dans la hiérarchie musicale.

Du reste, nous ne sommes point exclusif. Nous sommes convaincu que plusieurs pièces du chant romain valent mieux que les mêmes chants pris dans la liturgie parisienne, et qu'on ferait bien de substituer les premiers aux derniers, comme on l'a fait nouvellement pour l'*Exultet* et plusieurs autres chants.

CHAPITRE II.

DES ÉLÉMENS DU CHANT.

On a remarqué qu'en émettant naturellement une certaine série de sons, soit en montant, soit en descendant, on arrive bientôt à un son qui est précisément la répétition de celui dont on est parti, et qu'en continuant alors d'émettre encore des sons, on ne fait que répéter ceux qu'on a déjà proférés. On a en outre remarqué que le huitième son émis de cette manière est exactement celui qui forme la réplique du premier. On a conclu de là que l'on possède dans une suite de sept sons ceux que la voix peut naturellement former, et cette série de sept sons on est convenu de l'appeler *gamme* (1).

On a encore observé que cinq des sons de la gamme laissent entre eux des distances plus grandes et les deux autres des intervalles qui ne sont que la moitié des premiers. On est convenu d'appeler *tons* les plus grands intervalles, et *demi-tons* les plus petits ; et on a conclu que la gamme se compose de cinq tons et de deux demi-tons.

Les deux demi-tons se trouvent placés dans la gamme

____

(1) *Voyez* Chap. III, l'étymologie du mot *gamme*.

entre le troisième et le quatrième son, le septième et le huitième, c'est-à-dire, entre *mi* et *fa*, *si* et *ut*. Les cinq tons se trouvent entre les autres sons.

On a appelé *gamme naturelle* ou *diatonique* (1) celle qui se fait en conservant cet ordre des tons et demi-tons tel qu'on l'a, pour ainsi dire, pris dans la nature.

On a enfin remarqué que chacun des cinq tons de la gamme diatonique peut se diviser en deux parties formant par conséquent chacune un demi-ton. On a conclu de là que cette gamme renferme une succession de douze demi-tons, et on a appelé *chromatique* (2) la gamme qui procède par ces demi-tons consécutifs.

Les tons se divisent en *grands* et en *petits*. Les premiers se composent de neuf *commas* et les seconds de huit commas seulement. Les grands tons sont : *ut-ré*, *fa-sol*, *la-si*. Les petits tons sont : *ré-mi*, *sol-la*.

Les demi-tons se partagent aussi en *grands* et en *petits*. Les grands demi-tons renferment cinq commas, et les petits demi-tons n'en possèdent que quatre. Les grands demi-tons sont les demi-tons chromatiques, qui portent le même nom que leur souche, comme *ut-ut dièse*, *ré-ré bémol* ; *fa-fa dièse*, *fa-fa bémol*, etc. Le petits demi-tons sont les demi-tons diatoniques, savoir : *mi-fa*, *si-ut*, et tous ceux qui ne portent pas le même nom que leur souche, tels que : *ut-ré bémol*, *ré-ut dièse*, etc.

(1) Diatonique vient de deux mots grecs : *dia, tonos, par ton*, c'est-à-dire qui suit l'ordre des tons.

(2) Chromatique vient du grec *chroma* qui signifie couleur, parce que, dit *J. J. Rousseau*, les anciens marquaient ce genre de chant par des caractères rouges ou diversement colorés.

Cette différence de grandeur entre les tons et entre les demi-tons est très-sensible sur une contre-basse par la distance plus ou moins grande qu'on met entre les doigts pour les produire.

Pour la pratique, cette différence s'observe naturellement dans le chant et assez facilement sur quelques instrumens. Mais on ne peut la faire sentir sur l'orgue, le piano, etc... Sur ces instrumens, tous les tons sont à peu près de grandeur égale, et il en est de même des demi-tons. On les accorde de manière que, partagée de côté et d'autre, cette différence se fasse sentir le moins possible. Cette manière d'accorder s'appelle le *tempérament*. Il consiste à ôter de la justesse d'un ton pour rendre plus grand de cette différence un ton plus petit.

Le comma se partage en deux *schismas* ; mais cet intervalle est si petit qu'il n'est point appréciable.

La gamme, ou la série des sept sons formant entre eux des tons et demi-tons, constitue ce qu'on peut appeler les *élémens* de la musique et du plain-chant en particulier. Ils sont, par rapport au chant, ce que les mots d'une langue sont par rapport à la parole ; et de même qu'avec un certain nombre de mots, on peut former toute espèce de langage, de même avec les sept sons de la gamme on peut former toute espèce de chant. D'un côté ce sont des mots combinés ; de l'autre, des sons également combinés.

Le chant en lui-même est donc une succession de sons combinés d'une manière agréable à l'oreille, ou comme l'a défini saint Jean Damascène : *une série de sons qui s'appellent.*

CHAPITRE III.

DES SIGNES DU PLAIN-CHANT.

Pour écrire le plain-chant, comme pour écrire la parole, on emploie des signes conventionnels. Les signes employés maintenant pour écrire le plain-chant sont les notes, les lignes, les clefs, les barres, le guidon, le bémol, le dièse et le bécarre.

Ce système de notation est le résultat de différentes modifications que l'expérience y a apportées. Et, comme le dit M. *Fétis*, malgré son apparente complication, il est ce qu'il y a peut-être de plus simple. *Guy*, moine bénédictin d'*Arezzo*, en Italie, posa les fondemens de ce système, vers l'an 1028. Jean de *Muris*, chanoine de Paris, vers l'an 1310, le porta à une grande perfection.

ARTICLE I. — *Des Notes.*

On appelle *notes* les signes qui servent à représenter les sons.

Les sons peuvent être considérés sous le rapport de leur degré d'élévation et sous celui de leur durée. Les notes doivent donc être également considérées comme

signes du degré des sons et comme signes de leur
durée.

§ I. — DES NOTES COMME SIGNES DU DEGRÉ DES SONS.

Pour être représenté d'une manière distincte, chacun des sons de la gamme doit nécessairement avoir son
signe particulier. Les notes ne remplissent pas ce but
par leur seule forme, puisqu'elles ont toujours la même
figure, quel que soit le son qu'elles représentent. Pour
suppléer à cette imperfection, on a donné à ce signe
qu'on pourrait appeler *commun*, un nom *propre*, selon
qu'il est appelé à représenter le 1er, 2e, 3e, 4e, 5e, 7e
son de la gamme. De cette manière on en a formé autant de signes particuliers qu'il y a de sons dans la
gamme.

Ces noms que l'on donne maintenant aux notes sont,
en suivant l'ordre naturel de la gamme, *ut*, *ré*, *mi*,
fa, *sol*, *la*, *si*.

Les Italiens, les Espagnols et les Portugais se servent des mêmes noms, mais disent depuis long-temps
do pour *ut*, trouvant le son de ce mot trop sourd. La
même raison l'a fait adopter au Conservatoire de Paris
et dans quelques autres de nos écoles. Nous avons conservé le nom d'*ut*, parce qu'il est plus connu; il est
d'ailleurs de peu d'importance pour nous qu'on dise
do ou *ut*; et le lecteur pourra choisir.

Ces dénominations furent données aux notes par
Guy d'Arezzo. Il les tira de la première syllabe de
chaque vers d'une hymne à saint Jean-Baptiste, *Ut
queant laxis*. Nous rapporterons dans la seconde partie

le chant de cette hymne tel qu'il existait à cette époque. Il offre en effet sur les syllabes dont il s'agit une progression de sons semblable à celle de la gamme naturelle.

Guy d'*Arezzo* en composant sa gamme n'inventa que les noms des six premières notes, parce qu'il ne fit que changer en *hexacorde* le *tétracorde* des Grecs, quoiqu'au fond sa gamme fût, ainsi que la nôtre, composée de sept notes. Le *si* ne fut ajouté que beaucoup plus tard par Jean *Lemaire*.

Dès qu'on eut fait servir l'invention des lettres à la conservation des travaux de l'esprit humain, on chercha aussi à fixer et à perpétuer le chant par des signes. Les mêmes caractères suffirent aux peuples anciens pour représenter la parole, les nombres et les sons. Ces signes étaient les lettres.

Avant *Guy* d'*Arezzo* on se servait donc des sept lettres A, B, C, D, E, F, G, pour représenter les sept sons de la gamme. A répondait à notre *la*, B à notre *si* (1), et ainsi de suite. Les peuples du nord se servent encore de ces lettres pour noter leur musique. Quelques églises, comme celle de Paris, ont conservé l'usage de ces mêmes lettres pour désigner les diverses terminai-

(1) Cette manière dont les anciens représentaient les sons, nous donne l'étymologie du mot *gamme*. Le *sol* était représenté par G, en grec *gamma*. Or, l'octave qui commence par *sol* étant alors la plus usitée, il était naturel de lui donner pour nom celui même de la première note, c'est-à-dire de l'appeler *gamma*, et par suite *gamme*. C'est ainsi que, dans les langues, on a appelé alpha-bêta et par suite *alphabet*, la réunion des lettres, du nom des deux premières qui, en grec, se nomment *alpha*, *bêta*.

sons des tons. Ainsi l'on voit le premier ton en A ou en D ; ce qui signifie le premier ton en *la* ou en *re*.

Pour représenter la durée des sons en même temps qu'on en indiquait le degré d'élévation, on a imaginé des notes de différentes formes, et l'on est convenu de leur valeur respective.

Les formes de ces notes et leur valeur varient beaucoup dans les divers livres de chant. Voici la division que l'on trouve le plus communément suivie. Elle comprend : 1° la *carrée simple* (∎) ; 2° la *double carrée* (∎∎) qui vaut deux carrées simples ; 3° la *carrée à queue* (∎) qui vaut une carrée simple et demie ; 4° la *brève* (◆) qui vaut la moitié d'une carrée simple.

Les figures de ces notes furent inventées par Jean de *Muris*. Il les substitua aux points que *Guy d'Arezzo* avait mis à la place des lettres, trois siècles auparavant.

Cette division, quelque répandue qu'elle soit, est cependant très-imparfaite. Avec elle en effet on n'a encore pu parvenir à noter exactement les hymnes et autres chants mesurés, à deux temps ; et jamais on n'y parviendra, puisque leur notation demande souvent des notes d'une valeur qui ne soit que le quart d'une carrée simple, et qu'on ne possède pas ces notes. Cette division serait insuffisante même pour le plain-chant battu, si on voulait le noter selon le mode d'exécution que nous développerons.

Il existe une autre division de notes qui remédie totalement à ces inconvéniens. Elle revient tout-à-fait à la division des notes de la musique. Avec elle on peut représenter exactement toute espèce de chant, soit mesuré soit battu. Cette division est employée dans la méthode de *la Feillée*, dans le *propre d'Arras*, dans le chant d'*Amiens*, de *Noyon*, et grand nombre de liturgies. Voici le nom, la figure et la valeur des notes dans cette division.

1° La *double carrée* (▆▆) ; 2° la *carrée simple* (▆) qui vaut la moitié de la double carrée ; 3° la *demi-carrée* qu'on appelle aussi *rhomboïde* à cause de sa forme (◣). Elle vaut la moitié d'une carrée simple ; 4° la *brève*, appelée aussi *losange* à cause de sa figure (◆). Cette note vaut la moitié d'une demi-carrée.

On se sert aussi dans cette division de ce qu'on appelle *point d'augmentation* (·). Son effet est d'augmenter la note qui le précède de la moitié de sa valeur naturelle.

On peut admettre dans cette même division la *carrée à queue*, pour remplacer la *carrée pointée*.

La valeur de ces différentes notes se trouve résumée dans le tableau suivant :

Quelque avantageuse que soit cette division de notes, comme elle n'est pas suivie dans le chant parisien, nous nous contenterons de l'avoir indiquée et n'en ferons aucun usage, excepté dans le chant mesuré où elle est nécessaire pour noter exactement.

Au reste, avant de chanter, il faut toujours avoir

soin de s'assurer de la valeur des notes usitées dans le livre dont on se sert.

ARTICLE II. — *Des Lignes.*

On se sert, pour placer les notes, d'une échelle composée de lignes parallèles tracées horizontalement. Cette échelle est maintenant composée de quatre lignes dont la réunion s'appelle *portée.*

Dans la musique la portée est composée de cinq lignes.

Lorsque les quatre lignes de la portée ne suffisent pas pour placer toutes les notes, on en ajoute de nouvelles soit au-dessous soit au-dessus de la portée. Ces lignes s'appellent *supplémentaires.*

Les lignes d'une portée se comptent de bas en haut. Ainsi celle du bas est la première, celle du haut la quatrième.

La portée se divise en degrés Ces degrés se trouvent maintenant placés sur les lignes et sur les interlignes.

Lorsque les degrés se suivent immédiatement, on dit qu'ils sont *conjoints.* Lorsqu'ils laissent entre eux des degrés intermédiaires, on les appelle *disjoints.*

Les notes se placent sur les degrés de la portée, c'est-à-dire sur les lignes et dans les interlignes.

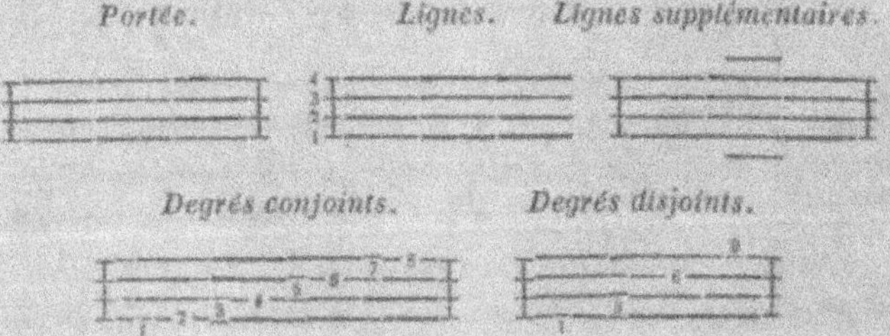

Avant *Guy* d'*Arezzo*, le nombre des lignes de la portée musicale était illimité. Au lieu de notes, on posait sur les lignes seulement les lettres de l'alphabet qui conservaient leurs noms primitifs. Ce moine laissa aussi le nombre des lignes illimité, et ne plaça également ses notes que sur les lignes elles-mêmes. Plus tard, Jean de *Muris* introduisit dans la réduction des lignes et le placement des notes l'amélioration que l'on suit encore maintenant.

ARTICLE III. — *Des Clefs.*

Il ne suffisait pas d'avoir imaginé des notes et des lignes pour les placer; car chaque note ne portant pas avec elle son nom, il était impossible de distinguer le son particulier qu'elle représentait, et par là même de connaître l'ordre des tons et des demi-tons. Pour achever son invention, *Guy* d'*Arezzo* imagina la *clef* (1).

La clef est un signe placé au commencement de la portée, destiné à faire connaître le nom de la note qui occupe le degré sur lequel il est lui-même placé.

On n'emploie maintenant dans le plain-chant que deux sortes de clefs, celle d'*ut* et celle de *fa*.

La musique possède de plus la clef de *sol*.

On est convenu d'appeler *ut* les notes placées sur la ligne où se trouve la clef d'*ut*, et *fa* les notes placées sur la ligne qu'occupe la clef de *fa*.

Par la *décomptation*, c'est-à-dire en suivant l'ordre naturel de la gamme, soit en montant soit en descen-

(1) Ce signe s'appelle clef, parce qu'il ouvre, dans un sens figuré, la porte du chant.

2

dant, on parvient facilement à connaître le nom des autres notes.

Par un reste de l'ancien usage, la clef se pose toujours sur une ligne et jamais dans un espace.

Voici la forme de ces clefs et leurs positions les plus usitées :

Guy d'*Arezzo* se servait des anciennes notes, c'est-à-dire des lettres de l'alphabet, pour représenter les clefs. La lettre A était la clef de *la*, C la clef d'*ut*, E la clef de *mi*, etc. Il plaçait ces lettres ou clefs au commencement de chacune des lignes de la portée, pour désigner chacun des sons de la gamme en particulier. Il y avait par conséquent autant de clefs que de lignes dans une même portée. Dans la suite on se contenta de marquer une seule des sept clefs sur une des lignes de la portée, parce qu'elle suffisait pour fixer la position de toutes les autres dans l'ordre naturel, et donner l'intelligence de toutes les notes. Plus tard, le nombre de ces sept *lettres-clefs* fut réduit à trois, savoir : la clef de G ou de *sol*, la clef de F ou de *fa*, la clef de C ou d'*ut*.

Le père *Kircher*, savant Jésuite, prétend que nos clefs modernes ne sont que les lettres gothiques primitives dégénérées. Il suppose avec raison que la clef de sol est un G corrompu, que celle de *fa* est un F également défiguré ; nous supposons que la clef d'*ut* moderne n'est autre chose que la lettre K altérée ; et comme dans le moyen âge, cette lettre remplaçait souvent la lettre C, nous sommes porté à croire que les anciens représentaient indifféremment la note *ut* par la lettre C ou par la lettre K.

ARTICLE IV. — *Des Barres.*

Les *barres* sont des lignes perpendiculaires qui traversent la portée en tout ou en partie.

Le chant, comme le discours oratoire, est composé de phrases et de membres de phrases. Il a donc aussi ses repos plus ou moins suspensifs. Dans le discours les repos se marquent par les points et les virgules; dans le plain-chant ils sont indiqués par des barres.

On distingue trois sortes de barres : la double, la grande et la petite.

La *double barre* indique le *repos final*. Elle se place, par conséquent, à la fin des morceaux de chant ou des diverses divisions dans les pièces qui s'exécutent à deux chœurs. Elle se place aussi après les intonations. C'est pour cela qu'on l'appelle encore : *barre de séparation*.

La *grande barre* marque le *grand repos*. Elle se place à la fin des phrases ou des membres de phrases.

La *petite barre* devrait indiquer le *petit repos*. Dans la plupart des livres de chant, on la rencontre après chaque mot. On conçoit qu'elle ne peut alors avoir son usage ordinaire, puisque les repos seraient trop multipliés. A notre avis, on ferait mieux de ne placer la petite barre qu'après un certain nombre de mots formant un sens, où l'on pût prendre haleine et faire un *petit repos*, sans détruire la signification des paroles. Par là on forcerait ceux même qui ne savent pas le latin à en respecter le sens, et on contribuerait à mettre entre le chant et la parole le bon accord qui leur est si nécessaire.

Article V. — *Du Guidon.*

Le *guidon* est un signe que l'on place à l'extrémité de chaque portée sur le degré où sera placée la note qui doit commencer la portée suivante. Comme le dit le mot, il *guide* le chantre et l'empêche d'être surpris, soit qu'il n'ait pas le temps de connaître assez vite cette première note, soit qu'il se trompe de portée.

Article VI. — *Du Bémol, du Dièse et du Bécarre.*

Le *bémol* indique qu'il faut baisser le son de la note devant laquelle il est placé, un demi-ton au-dessous de celui qu'elle devrait avoir naturellement.

Le *dièse* au contraire marque qu'il faut élever le son de la note devant laquelle il se trouve, un demi-ton au-dessus de celui qu'elle devrait avoir naturellement.

Le *bécarre* indique qu'il faut remettre à son élévation naturelle le son de la note devant laquelle il est placé, soit qu'il ait été baissé par le bémol ou élevé par

le dièse. Ce signe a donc deux effets différens. Après
le bémol il élève, après le dièse il baisse d'un demi-
ton (1).

Il y a deux manières d'employer le bémol et le dièse.
Quand l'un ou l'autre de ces signes survient dans le
courant d'une pièce de chant, il est ce qu'on appelle
accidentel, et ne sert que pour la note qui se trouve à
sa droite, ou tout au plus pour un mot, ou une mesure,
s'il s'agit de chant mesuré. Lorsqu'il se trouve après la
clef, au commencement de chaque portée, il est ce
qu'on appelle *continuel,* et agit dans toute la pièce de
chant.

Le bécarre peut être placé après un dièse ou un bémol accidentel, et après un dièse ou un bémol continuel. Dans le premier cas, il détruit pour toujours
l'effet de ces signes ; dans le second cas, il ne le détruit
que pour une note, ou tout au plus pour un mot, ou
une mesure.

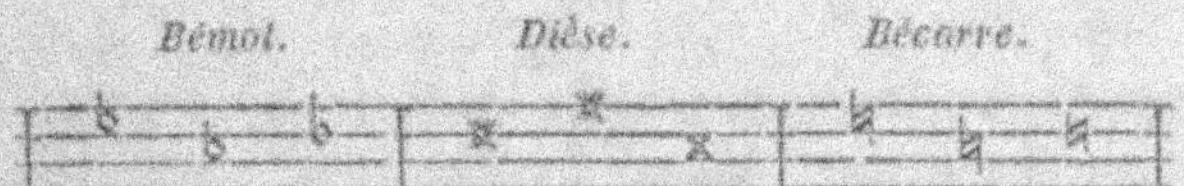

(1) Ce que nous avons dit en parlant du nom dont les anciens
appelaient les notes, donne l'étymologie des mots bémol et bécarre. Leur B correspondait à notre *si.* Quand il était baissé
d'un demi-ton, ils l'appelaient B *mol,* c'est-à-dire, B adouci ;
quand ensuite il était rendu au naturel, ils l'appelaient B *carre,*
c'est-à-dire, carré, plein. Tout en rejetant la manière d'écrire
des anciens, on a conservé ces deux signes pour désigner en
général dans le son d'une note une élévation ou un abaissement
d'un demi-ton.

Dièse est un mot grec, *diesis,* qui signifie élévation.

Nous ne parlerons pas des circonstances où il faut faire usage du bémol et du dièse; cependant nous ne pouvons nous empêcher de faire remarquer que nos livres d'église sont encore dans une imperfection bien grande sous le rapport du dièse. Nous en donnons pour preuve les exemples ci-dessous. En aucun livre ces chants ne sont notés avec les dièses que nous y avons placés. Cependant, de l'aveu général, ces dièses sont nécessaires. Il faut donc, au besoin, savoir corriger l'inexactitude des livres et suppléer les dièses lorsque le sens du chant, le bon goût et l'oreille le demandent.

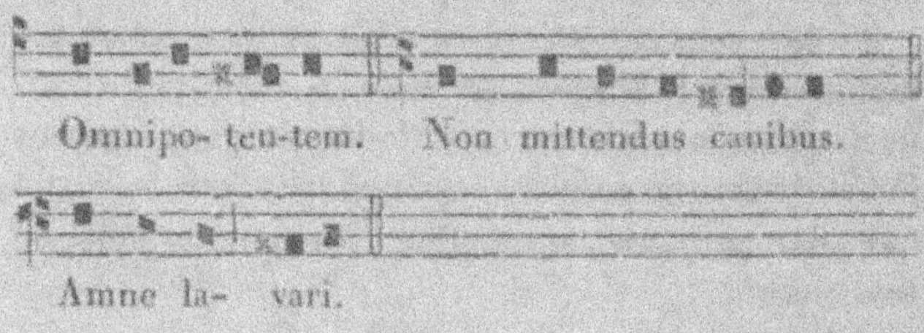

CHAPITRE IV.

DES INTERVALLES DU PLAIN-CHANT.

Intervalle signifie en général distance entre deux objets. Dans le chant, l'intervalle peut être considéré comme distance entre les sons et comme distance entre les notes. C'est à cette dernière acception que le mot est réduit dans la pratique. On appelle donc intervalle toute distance entre deux notes.

Tout intervalle se mesure par les degrés de la portée. On appelle *première* la note d'où l'on part, et le nombre que l'on compte ensuite pour arriver à l'autre note donne la nature et le nom de l'intervalle qui existe entre les deux notes. Ainsi :

La distance d'une note placée sur un degré quelconque, à une autre note placée sur un degré conjoint, forme un intervalle de *seconde*. Exemple : *ut ré*.

La distance d'une note placée sur un degré quelconque, à une autre note qui le suit en troisième lieu, forme un intervalle de *tierce*. Exemple : *ut mi*.

De cette manière l'on trouve que la distance d'*ut* à *fa* forme un intervalle de *quarte*, celle d'*ut* à *sol* un intervalle de *quinte*, celle d'*ut* à *la* une *sixte*, celle d'*ut* à *si* une *septième*, celle d'*ut* à *ut* une *octave*.

Deux notes pouvant être éloignées l'une de l'autre à l'indéfini, on peut par là même compter des intervalles à l'indéfini. Ceux que nous venons de signaler sont les plus usités.

Les intervalles se comptent toujours du grave à l'aigu.

Tout intervalle se divise en diverses espèces. Nous parlerons seulement de la *tierce*. Elle est *majeure* quand elle renferme deux tons pleins ; *mineure* quand elle ne renferme qu'un ton et un demi-ton.

Quand deux notes ne donnent aucun intervalle de son, comme deux *ut naturels*, elles forment ce qu'on appelle un *unisson*, c'est-à-dire une égalité de sons.

Les intervalles peuvent être exprimés isolément et successivement ou simultanément. Dans le premier cas, ils se nomment *mélodiques*; dans le second cas, ils s'appellent *harmoniques*.

Une mélodie est donc une succession de sons émis isolément et l'un après l'autre, et une harmonie une réunion de sons émis à la fois, formant pour l'oreille un tout agréable et flatteur.

Cette réunion de plusieurs sons émis simultanément prend le nom d'*accord*.

L'accord est parfait ou imparfait.

Il est *parfait* quand il est formé par les intervalles de la tonique, de la tierce et de la quinte, auxquels on peut ajouter l'octave, comme *ut mi sol ut* dans *ut majeur*, et *la ut mi la* dans *la mineur*. C'est celui qui fournit l'harmonie la plus agréable : c'est pour cela qu'on l'appelle accord parfait.

L'accord parfait n'existe pas d'une manière purement conventionnelle, mais il est indiqué par la nature elle-même. Il se fait sentir sur tous les corps sonores soumis à une vibration ; ainsi la grosse caisse accordée en *sol* produit en même temps, quand elle est frappée, la quinte inférieure. Que l'on écoute attentivement battre le tambour, et l'on entendra distinctement, après la tonique produite par le frappement, la quinte d'en bas, puis la tierce supérieure, puis l'octave à l'aigu. Les cloches ont aussi leur accord parfait.

L'accord est *imparfait*, quand il n'est pas formé par les intervalles ci-dessus nommés ; surtout quand il ne commence pas par la tonique, comme *ré fa la ré*, dans *ut majeur*.

Nous n'entrerons pas dans de plus grands détails sur les intervalles et les accords. Ces notions ne regardent principalement que les compositeurs et les accompagnateurs.

CHAPITRE V.

DES TONS DU PLAIN-CHANT.

Le chant en général est, comme nous l'avons dit, une combinaison de sons. Or, les diverses manières de combiner les sons pour en former des chants particuliers et distincts les uns des autres, s'appellent *tons*, ou mieux, *modes*.

Les tons sont établis sur deux notes principales appelées l'une tonique ou finale, l'autre dominante.

La *tonique* est la note qui sert de base principale à l'établissement du ton.

Cette note est toujours celle qui termine une pièce de chant ; de là vient qu'on l'appelle aussi *finale*.

La *dominante* est la note sur laquelle roulent les modulations particulières à chaque ton, celle que l'on rebat le plus souvent, et non la note la plus élevée : elle domine par la répétition et non par la hauteur du son qu'elle représente.

Dans le plain-chant la dominante n'occupe point de place fixe, elle peut être plus ou moins éloignée de la tonique.

Les anciens eurent d'abord quatorze tons ; ils les formaient en prenant chaque note de la gamme comme tonique de deux tons. Plus tard, les tons établis sur *si* leur ayant paru trop durs, parce qu'ils produisent une *fausse quinte* et une *fausse quarte* ou *triton*, ils les rejetèrent, et n'admirent plus que les six autres notes, comme bases de leurs tons.

Les modernes n'admettent plus, au moins de nom, que huit tons qu'ils appellent *réguliers :* ce sont les huit premiers des anciens. A ces tons réguliers ils en rattachent, pour prétendue raison d'analogie, six autres qu'ils appellent *irréguliers*, ou mieux, *rapportés :* ce sont les six derniers des anciens.

Nous ne savons pour quelle raison on a introduit dans le plain-chant cette nouvelle manière de compter et de réduire les tons. Qui pourrait dire, en effet, pourquoi les deux tons dont la tonique est *la*, et qu'on appelle maintenant premier et deuxième irréguliers, ne forment pas deux tons réguliers qui seraient le neuvième et le dixième, de même que les deux tons dont la tonique commune est *sol* forment le septième et le huitième réguliers ? On aurait alors une série de tons de même espèce établis successivement sur chacune des notes de la gamme comme tonique. Ne serait-ce pas plus naturel que d'aller faire une distinction de régulier et irrégulier entre des tons qui en eux-mêmes sont tout-à-fait aussi réguliers les uns que les autres ?

Cependant, puisque la distinction existe, nous ne prétendons nullement la détruire ; et comme l'essentiel est de s'entendre, on se conformera à la manière ordinaire de parler ; seulement on saura ce qu'il faut en penser pour le fond.

Les tons sont en général de deux espèces, ceux du mode majeur et ceux du mode mineur.

Ils sont *majeurs* quand la tierce au-dessus de la tonique est majeure ; ils sont *mineurs* quand cette même tierce est mineure.

Les tons, soit réguliers, soit irréguliers, se divisent aussi en supérieurs et inférieurs.

Les tons *supérieurs* ayant été cotés des nombres 1, 3, 5, 7, furent appelés tons *impairs*.

Les tons *inférieurs* ayant été cotés des nombres 2, 4, 6, 8, furent appelés tons *pairs*.

On nomme *compairs* les deux tons qui sont établis sur la même tonique : ainsi le septième et le huitième sont des tons compairs.

Les tons supérieurs ou impairs peuvent monter huit notes au-dessus de la tonique, et ne descendent que d'une note au-dessous de cette même tonique. Toute leur étendue est donc dans le haut : c'est de là que vient leur nom.

Les tons inférieurs ou pairs ne peuvent monter que cinq notes au-dessus de leur tonique, et descendent cinq notes au-dessous de cette même tonique. Leur étendue principale est donc dans le bas : c'est pour cela qu'on les appelle inférieurs.

Ces notions se trouvent ingénieusement rendues par ces cinq vers latins :

Impar stat suprà, sed par depressus habetur.
Tertius et primus, cum quinto septimus, octo
Vocibus ascendunt, solà descendere possunt.
Sextus et octavus, quartus pariterque secundus
Vocibus ascendunt quinque et totidem descendunt.

Les tons impairs sont facilement distingués les uns des autres par leurs toniques qui sont différentes.

Les tons pairs sont également distingués par leurs toniques qui sont différentes.

Les tons compairs ne peuvent être distingués par leurs toniques qui sont les mêmes. Mais on les distingue par la composition de leur octave. L'impair, comme nous l'avons dit, a son étendue dans le haut, et le pair, son étendue dans le bas.

Les tons compairs se distinguent encore par leurs dominantes qui sont différentes.

Il est donc facile de reconnaître, soit à la vue, soit

même à la simple oreille, à quel ton appartient une
pièce de chant.

Au reste, souvent on n'est pas réduit à faire ce travail, car on trouve au commencement ou à la fin de
toute pièce de chant un chiffre qui en indique le ton.

Outre les tons réguliers et irréguliers, il y en a des
mixtes et des transposés. Nous allons donner des notions
particulières sur chacun de ces tons.

ARTICLE I. — *Des Tons réguliers.*

Les noms *régulier* et *irrégulier* sont, comme nous
l'avons vu, absolument arbitraires. Cependant les tons
réguliers peuvent être regardés comme la règle, et les
irréguliers, comme une exception à la règle.

Voici le tableau des toniques et des dominantes des
huit tons réguliers, avec le nom caractéristique de chacun de ces tons et les dénominations que les anciens
donnaient à ces mêmes tons. Ces dénominations furent
tirées du nom des provinces où les tons furent inventés.

	Tonique.	Dominante.		
1er.	ré.	la.	Grave.	Dorien.
2e.	ré.	fa.	Triste.	Sous-dorien.
3e.	mi.	ut.	Mystique.	Phrygien.
4e.	mi.	la.	Harmonique.	Sous-phrygien.
5e.	fa.	ut.	Gai.	Lydien.
6e.	fa.	la.	Dévot.	Sous-lydien.
7e.	sol.	ré.	Angélique.	Mixolydien.
8e.	sol.	ut.	Parfait.	Sous-mixolydien.

Les toniques et dominantes des huit tons réguliers sont exprimées dans ces deux vers :

Pri. *ré, la;* sec. *ré, fa;* ter. *mi, ut;* quart. quoque *mi, la.*
Quint. *fa, ut;* sex. *fa, la;* sept. *sol, ré;* oct. dato *sol, ut.*

Outre sa tonique et sa dominante, chaque ton possède des *notes essentielles* qui sont, pour ainsi dire, les bases de ses diverses modulations. La réunion de ces notes forme ce qu'on appelle en plain-chant l'*accord parfait* du ton. Voici le tableau des notes essentielles des huit tons réguliers :

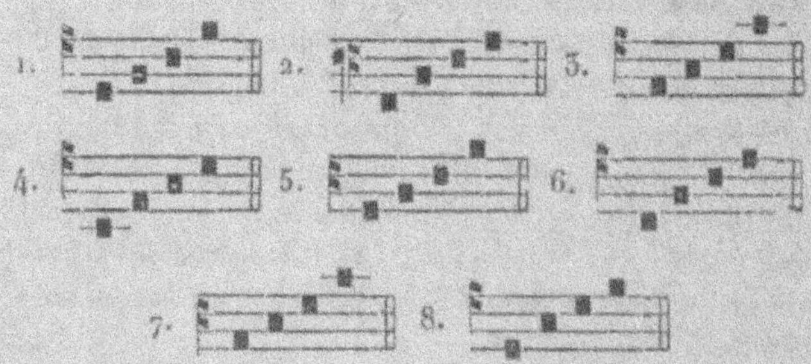

ARTICLE II. — *Des Tons irréguliers.*

On dit qu'une pièce de chant est d'un ton *irrégulier* quand elle est composée sur une tonique différente de celles des huit tons réguliers.

Le tableau suivant contient les toniques et les dominantes des six tons irréguliers avec leurs noms anciens. Leur dénomination caractéristique est la

même que celle des tons réguliers auxquels on les rat-
tache.

Tonique. Dominante.

1er. . . . . la. . . . . mi. . . . . Grave. . . . . Éolien.
2e. . . . . la. . . . . ut. . . . . Triste. . . . . Sous-éolien.
3e. . . . . si. . . . . sol. . . . Mystique. . . Sus-lydien.
4e. . . . . si. . . . . mi. . . . . Harmonique. Sus-phrygien (1).
5e. . . . . ut. . . . . sol. . . . Gai. . . . . . Ionien.
6e. . . . . ut. . . . . mi. . . . . Dévot. . . . . Sous-ionien.

Le vers suivant renferme les toniques et dominantes
de ces tons :

Pri. *ta, mi;* sec. *ta, ut;* quart. *si, mi;* quint. *ut, sol;* sex. habet *ut, mi.*

Les tons irréguliers ont aussi leurs notes essentielles.
En voici le tableau :

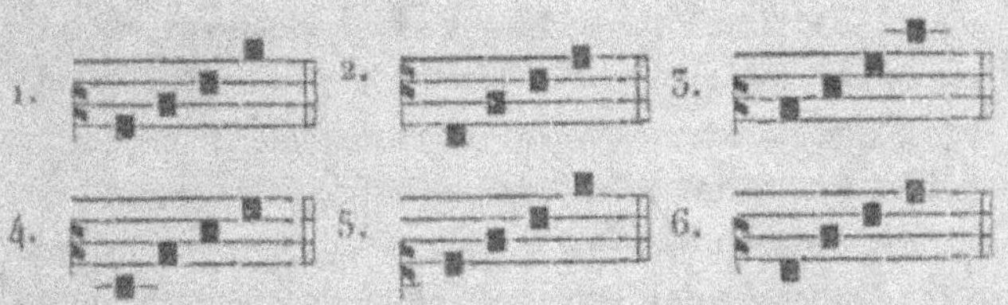

ARTICLE III. — *Des Tons mixtes.*

Le ton *mixte* est celui qui renferme l'étendue supérieure du ton impair et l'étendue inférieure du ton

______

(1) Il ne faut pas confondre ce 4e ton avec un autre, que les
livres de chant donnent souvent pour irrégulier sous le nom de
4e en A. Ce dernier n'est rien que le 4e ton régulier transposé.

pair. Comme le dit le mot, c'est un mélange de deux tons.

Ce mélange ne peut se faire que des tons compairs, comme du 1er avec le 2e, du 7e avec le 8e, en un mot de l'inférieur avec le supérieur, et réciproquement.

Les tons mixtes n'ont aucune dénomination particulière. Ils portent le nom numéral de celui des deux tons qui domine le plus en eux, surtout à la fin de la pièce de chant.

Pour distinguer les tons mixtes, il suffit de voir si la pièce de chant a plus de six notes au-dessus de sa tonique, et en même temps plus d'une note au-dessous de cette même tonique. Ainsi les pièces de chant qui renferment une étendue extraordinaire sont ordinairement composées sur un ton mixte.

ARTICLE IV. — *Des Tons transposés.*

On appelle *transposition* un changement par lequel on transporte une pièce de chant d'un ton naturel à un autre ton semblable.

On transpose de deux manières, en exécutant et en écrivant.

1° On transpose en *exécutant*, lorsqu'on rend une pièce de chant dans un autre ton que celui où elle a été écrite.

Dans le plain-chant on n'exécute presque jamais aucun chant, sans employer cette transposition. En voici la raison : Les musiciens, au moyen de la transposition écrite, mettent chaque morceau de chant à une élévation de ton proportionnée à la voix qui doit l'exécuter ; en sorte que dans toutes les pièces possibles, les notes qui portent le même nom se chantent ordinairement sur le même ton et occupent le même degré d'élévation dans la voix.

Les plainchanistes, au contraire, pour rendre l'exécution du chant moins compliquée, l'écrivent ordinairement d'une manière simple et naturelle, c'est-à-dire, sans employer aucune transposition, ce qui fait qu'il serait impossible de l'exécuter, si on donnait toujours le même ton de voix à toutes les notes du même nom. C'est pour cela qu'on est obligé d'opérer en exécutant la transposition que le compositeur a cru utile d'omettre en écrivant.

Celui qui exécute le chant avec la voix ne trouve aucun travail dans ce genre de transposition, puisqu'il l'opère sans le savoir ; mais pour un instrumentiste qui veut accompagner le chant, ce n'est pas une difficulté légère de jouer dans un ton ce qui est noté dans un autre, puisqu'il faut que les doigts sonnent des notes toutes différentes de celles qu'il a sous les yeux, qu'il les altère différemment selon la différente manière dont la clef est armée pour le ton tel qu'il est noté, et celle dont elle doit l'être pour le ton transposé. La transposition instantanée est donc l'opération d'un praticien fort distingué.

2° On transpose en *écrivant*, lorsqu'on note une pièce de chant dans un autre ton que celui où elle a été composée. La transposition s'opère en élevant ou en abaissant la finale et toutes les notes d'un ou de plusieurs degrés, selon le nouveau ton que l'on a choisi ; puis en

armant la clef de dièses ou de bémols, selon que l'exige
l'analogie de ce nouveau ton avec le premier.

Cette dernière condition est essentielle ; car pour que
le nouveau ton soit semblable au premier, il faut que
tous les degrés se trouvent ordonnés de la même manière sur la finale, c'est-à-dire, que l'ordre des tons et
demi-tons soit le même dans l'une et l'autre gamme.
Or, cet ordre ayant été totalement altéré par le changement de chaque note de la pièce de chant transposée,
on ne peut le réparer et reproduire l'ordre primitif qu'à
l'aide des dièses ou des bémols.

La transposition s'opérant en baissant ou en haussant
une pièce de chant d'un certain nombre de tons ou
demi-tons, on conçoit qu'il y a autant de genres de
transposition qu'il y a de demi-tons dans la gamme, par
conséquent douze genres différens. Cependant dans le
plain-chant on ne rencontre qu'un seul genre de transposition, c'est la transposition à la *quarte*. Elle consiste
à hausser toute la pièce de chant de trois notes et à
mettre un bémol à la clef dans la pièce transposée.

La transposition peut s'appliquer à tous les tons ;
toutefois on ne rencontre ordinairement comme transposés que le 1er irrégulier, le 4e régulier en E, le
4e irrégulier en B, le 5e irrégulier et le 6e aussi irrégulier.

Ce que nous avons dit que pour transposer on se
sert de bémols ou de dièses, rend facile la distinction
des tons transposés de ceux qui ne le sont pas. Toute
pièce de chant dont la clef est armée d'un de ces signes
n'est pas notée en son ton naturel, elle est par conséquent transposée.

Nous croyons inutile d'entrer dans de plus grands détails sur la transposition. Toutefois, pour ceux qui veulent accompagner le chant avec des instrumens, nous allons donner la manière de procéder aux transpositions les plus ordinaires.

Soit prise une pièce de chant notée en son ton naturel, pour la hausser ou la transposer de

1 note, mettez à la clef   2 ♯ ou 2 ♭

2 notes. . . . .   4 ♯ ou 3 ♭

3 notes. . . . .   6 ♯ ou 1 ♭

4 notes. . . . .   1 ♯ ou 6 ♭

5 notes. . . . .   3 ♯ ou 4 ♭

6 notes. . . . .   5 ♯ ou 2 ♭

Les dièses se placent de quinte en quinte en montant, et les bémols de quinte en quinte en descendant. Cet ordre est invariable, autrement on ne retrouverait plus la gamme naturelle d'*ut*. Il n'est point arbitraire ; il repose sur la nature même de la gamme, comme nous pourrions le prouver, si l'explication nous en paraissait utile.

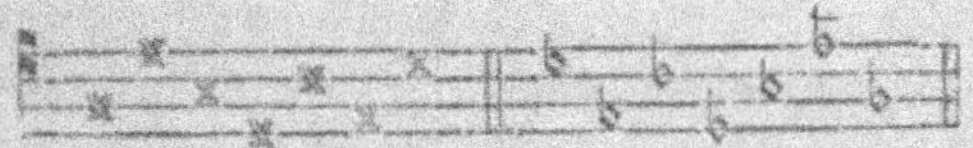

Avec la connaissance du tableau ci-dessus donné, il est facile de remettre en son ton naturel une pièce de chant transposée. Il suffit de voir combien de dièses ou de bémols elle porte à la clef, et de regarder de combien de notes elle a dû être élevée pour être transposée sur ce ton.

Il y a un moyen d'effectuer la transposition sans changer les notes de place, c'est de leur donner par l'emploi d'une clef et d'une armure différentes de celles qui se trouvent dans le morceau écrit, un autre nom et une autre valeur, et par conséquent une intonation différente.

Sans changer la position des notes on peut donc élever ou abaisser une composition musicale d'un ou de plusieurs tons, la transposer instantanément et sans la transcrire, en se représentant simplement, au commencement de chaque ligne, une clef et une armure idéales, différentes de celles que comportent ce morceau.

Ce système de transposition est presque le seul suivi dans le plain-chant. C'est ainsi que sont transposés, par un simple changement de clef, le 1er ton en A, le 6e ton en C, etc.

Ce même genre de transposition est employé par presque tous les instrumentistes qui accompagnent le chant et qui ont besoin d'accommoder leur ton à celui du chanteur qui exécute.

DEUXIEME PARTIE.

DE L'EXÉCUTION DU PLAIN-CHANT.

Nous avons fait connaître la *science* du plain-chant ; il nous reste maintenant à enseigner la pratique de ce que nous avons démontré théoriquement, c'est-à-dire, l'*art* du plain-chant. Ces deux connaissances sont foncièrement distinctes. *J. J. Rousseau* était parfait musicien en théorie, mais il savait à peine lire la musique. *Choron* avait également une science théorique très-étendue, mais il était loin de posséder le même degré d'habileté dans l'art d'exécuter. Tel homme de lettres connaît parfaitement l'art d'écrire et ne peut rendre que d'une manière pitoyable dans la déclamation ses productions les plus belles, tandis que tel autre déclame avec perfection une œuvre oratoire qu'il n'aurait pas le talent de composer. Ainsi le chantre peut posséder à un haut point de perfection la science du chant et en ignorer complètement l'exécution. Pour être bon en théorie, il suffit de posséder le *sentiment musical* et de le développer par l'étude ; pour être bon praticien, il faut de plus avoir reçu de la nature un bel organe, et ce beau don de la voix n'est pas également départi à tous. Par le fait, on rencontre encore assez fréquemment de bons exécuteurs, mais les vrais connaisseurs des principes du chant sont rares. Car, on peut le dire, la science du chant est aujourd'hui même possédée par bien peu de personnes.

Cette partie, qui traite de l'exécution ou de la pratique du chant, est d'une importance particulière et mérite une étude spéciale. Quelques dispositions que l'on possède, quelque beau que soit l'organe que l'on a reçu de la nature, la sensibilité de l'oreille, le sentiment inné de la justesse parfaite ne se développeront pleinement que par l'art, l'exercice, l'étude. Ce n'est que par la pratique que l'on apprend à bien prononcer et à bien attaquer les sons, que l'on apprend à chanter avec grâce et avec élégance, que l'on acquiert ce goût et cette belle facilité d'exécution que l'on appelle une *belle méthode*.

Nous parlerons dans cette partie de ce qui concerne la position du corps, le goût, la voix, la prononciation, la quantité, l'intonation et l'unisson des dominantes, le mouvement, la respiration, les repos, le plain-chant battu, le plain-chant mesuré, le plain-chant libre, la psalmodie et l'ordinaire de l'office divin. Nous la terminerons par une exposition succincte des améliorations qu'on pourrait introduire dans la liturgie parisienne.

CHAPITRE PREMIER.

DE LA POSITION DU CORPS.

Ce point n'est pas sans importance. Autant l'œil est flatté de remarquer dans un chantre un maintien modeste, une position aisée et gracieuse, autant il est choqué de voir en lui un air égaré, un extérieur contraint et embarrassé.

Il faut donc en chantant avoir un maintien honnête et respectueux, prendre une position naturelle et propre à faciliter l'émission des sons.

Il faut, par conséquent, éviter les manières ridicules ou immodestes, les positions forcées, prendre garde de donner à sa physionomie un caractère décomposé, fuir les contorsions de la bouche ou des yeux, le battement du pied, le balancement de la tête, l'agitation des bras ou des mains, enfin les mouvemens quelconques du corps (1).

(1) *Ne venias, cantare Dei si tendis ad aras,*
  Elatus caput et bene compto bellulus ore
  Præmissoque capillitio, nec odoribus unctus....
  In toto sedeat depicta modestia vultu....
  Cùm Domino psalles, psallendo tu tria serves :
  Sit caput erectum, pes junctus, visus in imis....
                                                SANTEUIL.

CHAPITRE II.

DU GOÛT.

Autant un morceau d'éloquence oratoire gagne ou perd en beauté, selon qu'il est bien ou mal rendu dans la déclamation, autant une pièce de chant est agréable ou insipide, selon qu'elle est ou non exécutée avec goût et sentiment.

Le chant noté dans les livres est comme un cadavre, c'est à celui qui l'exécute à lui donner la vie, à le faire parler. Or, c'est le *goût* seul *du chantre* qui est appelé à donner au chant cette animation et cette expression essentielles à sa beauté.

Le goût dans un chantre est donc une qualité précieuse, une qualité indispensable. Sans cette qualité, il pourra bien émettre le son des notes, mais il n'en fera pas sentir le sens, il n'en fera pas ressortir la beauté : au contraire, il détruira l'un et l'autre; il chantera d'une manière insignifiante et insupportable.

Ce goût musical est une espèce de sens particulier. On le reçoit de la nature plus ou moins délicat : l'exercice le perfectionne, mais ne peut le faire naître.

Il est totalement distinct de la voix : car on voit souvent de beaux timbres de voix exécuter en dépit de tout goût, et des voix ingrates rendre le chant avec un sentiment et une expression admirables.

C'est dans l'application du goût que se fait connaître le vrai talent du chantre, et l'on peut dire ici avec un musicien habile : « Un chantre qui entre dans le sens du chant et le fait sentir, qui marque bien ses modulations et leur accent, est un homme de talent : mais un homme qui ne sait voir et rendre sèchement et machinalement que les notes, qui exécute sans sentiment, sans expression, sans entrer dans le sens des phrases de chant, quelque sûr qu'il puisse être d'ailleurs, n'est qu'un *croque sol*. Il ressemble à un maître d'école qui lirait un chef-d'œuvre d'éloquence, écrit avec les caractères de sa langue, dans une langue qu'il n'entendrait pas. » (J. J. Rousseau, *Dict. de musique.*)

CHAPITRE III.

DE LA VOIX ET DE L'EXÉCUTION EN GÉNÉRAL.

La voix est un des plus beaux dons que l'homme ait reçus de Dieu dans l'ordre physique. L'expérience prouve qu'on peut en tirer par le chant des charmes étonnans. Mais c'est une mine, il faut savoir l'exploiter. Le même instrument s'anime et parle sous l'archet d'un *Paganini*, et il déchire l'oreille sous les doigts d'un ménétrier de village. La voix humaine fatigue et accable, dirigée par un mauvais chantre; elle plaît, elle transporte, mise en vibration par un homme habile. La bonne direction de la voix en fait donc la principale beauté, et mérite toute l'attention d'un chantre.

Autant on jouit à voir dans un chantre une belle aisance qui semble ne connaître ni gêne ni fatigue, autant on souffre à la vue des pénibles efforts qu'un autre fait pour parvenir au laborieux enfantement des sons qu'il veut produire.

Il faut donc chanter d'une manière aisée, laisser sortir la voix, comme d'elle-même, de la poitrine et de la gorge, sans sembler la tirer par force. De cette manière, on pourra continuer de chanter pendant un temps très-long, sans éprouver de fatigue.

Il faut donner sa voix toute naturelle, faire en sorte que le timbre se rapproche le plus possible de celui de la voix de parole et de lecture.

On conçoit cependant que si la voix est naturellement dure et désagréable, il convient de ne pas la donner naturelle, mais de travailler à l'adoucir.

Le timbre de la voix doit être, autant que possible, bien plein et bien nourri, mais toujours sans air de prétention, sans effort, pour donner à la voix cette rondeur, si elle ne l'a pas naturellement.

On doit éviter de donner à sa voix de l'affectation, de chanter du nez ou de la gorge, d'une voix criarde ou chevrotante, d'une voix dure et déchirante, d'une voix efféminée et languissante (1).

---

(1) *Non incompositis tædas clamoribus aures,*
   Nec leviore sono molles imitabere cantus.

On doit aussi éviter de forcer sa voix et de sortir de son *diapason* naturel, soit en chantant trop haut, soit en chantant trop bas. Lorsque l'on chante seul, il faut consulter l'étendue de sa voix et y accommoder le ton. Si l'on chante en chœur, il vaut mieux se reposer pendant un certain temps que se forcer.

Il est important de régler la sonorité et le volume de sa voix sur la grandeur du lieu où on exécute. On doit se défier beaucoup des localités qui ont un écho très-prononcé : car les sons répétés par ce dernier, donnant soit l'unisson, soit la tierce, soit la quinte, ou un autre intervalle, tendent souvent à fausser la justesse de l'oreille, à faire baisser ou élever le ton. Dans ces sortes de lieux, un serpent est très-nécessaire pour soutenir les voix et les empêcher de s'écarter du ton.

Sous prétexte que l'on doit chanter avec goût, beaucoup de chantres ajoutent ce qu'on appelle *notes d'agrément*, font en chantant des *cadences*, des *tremblemens*. Cette mauvaise pratique détruit la gravité du chant : elle est d'ailleurs foncièrement opposée au bon goût. Pour bien exécuter, il ne s'agit pas de créer de nouvelles notes, mais d'exprimer avec sentiment celles qui existent.

Il faut, en chantant, détacher exactement les notes

> *Fractaque femineo supplantans verba palato*
> *Captabis plausum indecorem....*
> *At neque cantanti rictus distorqueat ora*
> *Vastior, et rapto se vox de gutture trudat,*
> *Undè solent resonare immani templa boatu.*
> *Non clamore Deus placatur.*
>
> Santeuil.

et éviter de les couler, si l'on veut conserver au plain-chant ce qu'il a de grave et de majestueux. Cependant on doit se garder de tomber dans le défaut de quelques chantres, qui, sous prétexte qu'il faut détacher les notes, les aspirent trop, et font entendre, surtout dans les liaisons, des coups de gosier durs et désagréables, chantant d'une manière coupée et saccadée.

On doit toujours chanter à l'unisson, dans les chants en chœur, et jamais à l'octave, soit dans l'aigu, soit dans le grave.

Le plain-chant, comme la musique, peut être embelli par des *accompagnemens* de plusieurs voix; mais l'accompagnement n'étant le fait que d'un chantre habile, on doit se garder de vouloir le composer sans connaître parfaitement les règles des accords et de l'harmonie. On doit surtout se garder de vouloir l'improviser, comme font trop souvent des chantres ignorans et prétentieux. C'est une chose bien pénible pour une oreille délicate, que de se trouver si souvent condamnée, dans certaines églises, à entendre ces accords par lesquels des chantres, sans connaissance et sans goût, défigurent le chant et le rendent insupportable. Si on veut recevoir notre avis, on se bornera à toujours chanter à l'unisson, à toujours donner purement et simplement la note. On ne fera d'accompagnement que lorsqu'on en aura été particulièrement chargé par le maître du chœur pour l'exécution d'un chant à plusieurs parties : et alors encore il faut exécuter un accompagnement combiné à l'avance, et jamais l'improviser; car la justesse des accords étant relative aux diverses parties qui composent une harmonie, il pourrait arriver qu'un accompagnement qui serait juste, s'il était seul, devînt discordant, parce qu'il serait émis simultanément avec un autre accord avec lequel il n'a pas été combiné.

CHAPITRE IV.

DE LA PRONONCIATION.

La bonne *prononciation* consiste à donner aux lettres et aux syllabes le son qu'elles doivent avoir dans la langue que l'on chante. Elle doit toujours être conforme à la manière de prononcer dans la conversation et la déclamation, par conséquent conforme aux règles de la grammaire.

Il faut articuler d'une manière nette et distincte, qui ne laisse perdre aucune syllabe des paroles, aucune note du chant. Il convient pour cela de donner toujours aux lèvres une position relative aux sons qu'on veut émettre et aux paroles qu'on prononce.

On doit donner une attention particulière à la prononciation des voyelles *a*, *e*, *i*, *o*, *u*, d'où dépend, en grande partie, la beauté du chant.

Quand l'*e* est suivi d'une consonne dans la même syllabe, on doit lui donner le son de l'*e ouvert*, comme dans ces mots *pater, ecce, dexteram*, on doit donc chanter *pateir, eicca, deixteram*. Dans les autres circonstances il doit toujours avoir le son de l'*e fermé :* on doit donc le prononcer comme s'il portait un accent *aigu ;* c'est-à-dire avec la bouche presque fermée. Ainsi : *kyrié, déposuit, dé sédé.* Les chantres qui ont la voix faible ou sourde, et les jeunes gens dont la voix n'a pas encore mué tombent souvent dans le défaut contraire. Ils trouvent plus éclatant, et par-là plus commode, de faire sonner *é-è-è*, que de prononcer *é-é-é.*

En plusieurs endroits on semble admettre une exception pour le mot *eleison*, et l'on prononce le second *e* comme ouvert : *e-lè-i-son.* Cependant, pour qui connaît le grec et sa prononciation, il est difficile de se rendre compte de cette exception : car, dans le grec, on ne prononce ouvert que les *éta.* Or, dans *eleison*, la seconde voyelle n'est pas un *éta*, mais bien un *epsilon.*

Un défaut qu'il faut éviter, c'est la mauvaise prononciation des *r.* Très-souvent elle est accompagnée d'un grasseyement ou d'un roulement de gosier qui déplaît beaucoup à l'oreille.

On donne souvent à la lettre *s* le son de *z.* Ainsi l'on prononce les mots *Dominus, salus, Israel*, comme s'ils étaient écrits : *Dominuze, saluze, Izrael*; c'est encore une prononciation vicieuse. La lettre *s* doit toujours se prononcer dur et ne prend le son de *z* que quand elle est placée entre deux voyelles. Il faut donc prononcer : *dominuce, saluce, Icerael.* D'où l'on voit qu'il faut toujours siffler tant soit peu les *s*, quand ils ne se trouvent pas entre deux voyelles.

La lettre *s*, à la fin des mots suivis d'un autre mot

qui commence par une voyelle, n'a pas non plus le son de *z*. Ainsi l'on dit : *dièce iræ, dièce illa*.

Placée entre deux voyelles, dans un même mot non composé, la lettre *s* prend alors le son de *z*. Ainsi l'on dit : *puzillis*, et non *pucillis*.

On donne aussi à la lettre *x* une prononciation souvent mauvaise. On dit, par exemple : *ugzor, augzilium*, au lieu de *ukçore, aukcilium*.

Plusieurs personnes prononcent mal les mots où il se trouve deux voyelles de suite, tels que *Deus, meus, mea*. Elles font sonner comme s'il y avait : *De-ius, me-ius, me-ia*. Elles se corrigeront en prononçant chaque syllabe comme si elle était seule et séparée : *De-us, me-us*.

On devrait éviter de prononcer en *ain* les syllabes en *in*. Cette prononciation toute française est vicieuse. Ainsi au lieu de *praincipium, ainvocabo*, il faudrait dire : *prinncipium, innvocabo*. Cependant l'usage contraire semble avoir prévalu en France.

Dans les syllabes finales, *am*, *em*, *um*, *magnam*, *patrem, sanctorum*, on doit faire sentir le son pur de l'*a*, de l'*e*, de l'*u*, et ne faire entendre l'*m* qu'au moyen des lèvres.

Quand il se trouve plusieurs notes sur une syllabe, et que cette syllabe finit par une consonne sensible, comme dans les mots *alma, tuum*, il ne faut faire sentir cette consonne qu'à la dernière note de cette syllabe. Ainsi il serait ridicule de dire : *al, al, al,* sur chaque note qui se trouve sur la première syllabe du mot *alma*. Il faut donc chanter et prononcer : *a, a, a,* et ne faire sentir la lettre *l* qu'à la dernière note.

Beaucoup de personnes prononcent mal le mot *alle-*

luia. D'abord, elles ne font pas sentir les deux *l* et disent *a-le,* au lieu de *al-le.* Ensuite elles font deux syllabes avec *ia* et prononcent *i-a ;* ou bien elles joignent l'*i* à la syllabe *lu,* et disent *lui-a.* La vraie prononciation de ce mot est : *al-le-lu-ia.*

Quelques chantres, dans les trisagions du vendredi saint, prononcent *agios,* comme s'il y avait : *ajios.* Il faut se rappeler que ce mot est grec, et que le *g* doit être prononcé dur : *aguios.*

Dans les hymnes et proses, quand de deux mots voisins le premier finit par une voyelle, soit seule, soit suivie d'une *m,* et que le second mot commence par une voyelle ou une *h,* il faut en chantant faire ce qu'on appelle une *élision,* c'est-à-dire ne point prononcer la première voyelle. Ainsi : *Ipso in facto, infunde amorem, lucem habitabimus, monstra te esse matrem,* se prononcent : *ips' in facto, infund' amorem, luc' habitabimus, monstra t' esse.*

CHAPITRE V.

Dans le chant comme dans la déclamation, d'après la manière naturelle de prononcer, il y a des syllabes sur lesquelles la voix s'arrête plus long-temps, et d'autres sur lesquelles elle passe plus rapidement. Cette durée relative, donnée à la prononciation de chaque syllabe, s'appelle *quantité*. La quantité signifie donc la portion de temps que l'on donne à la prononciation des syllabes relativement les unes aux autres.

Considérées sous le rapport de la quantité, les syllabes peuvent être divisées en quatre classes : les *longues*, les *communes*, les *coulées* et les *brèves*. Ces dénominations indiquent par elles-mêmes la durée plus ou moins longue de la prononciation de chacune de ces syllabes. Cette durée peut d'ailleurs être représentée par les quatre notes suivantes : ▉ longue, ▉ commune, ▙ coulée, ▉ brève.

Mais dans quel cas une syllabe doit-elle être longue, commune, coulée, brève ? Pour le déterminer, il ne suffit pas de s'en rapporter à la quantité de la versification, puisque la quantité du chant ne s'accorde pas toujours avec celle de la prosodie. Nous allons cependant tâcher de le faire connaître.

La quantité variant suivant que le chant est libre, mesuré et battu, il devient nécessaire, pour plus d'ordre, de la traiter relativement à chacun de ces trois chants en particulier.

ARTICLE I.— *De la Quantité dans le Plain-Chant libre.*

Le *plain-chant libre* comprend principalement, comme nous le dirons plus tard, les psaumes (1), épi

(1) On excepte généralement les médiations et les terminaisons. La gravité nécessaire à ces parties des psaumes les fait rentrer dans le plain-chant battu dont elles suivent la quantité. L'arrangement des syllabes est d'ailleurs moins compliqué avec cette quantité et l'exécution plus facile, surtout quand on psalmodie en chœur.

tres, évangiles, leçons, etc... On conçoit que la connaissance des règles de la quantité est indispensablement nécessaire pour la bonne exécution de ces chants non notés, puisqu'on est obligé d'y prosodier en chantant.

1re *Règle*. — Il n'y a dans chaque mot qu'une seule syllabe longue. C'est sur elle que la voix s'appuie et se repose en prononçant le mot. Cette syllabe longue est 1° la pénultième des mots de deux syllabes, lors même qu'elle est brève d'après les règles de la versification. Exemple : *cáput, méus, vía, púer, érat, tímet.* 2° La pénultième des mots de plus de deux syllabes, quand elle est longue de sa nature. Exemple : *virtútum, membrórum, cogitáre, legérunt, manére, audíre.* 3° L'antépénultième des mots de plus de deux syllabes, lorsque la pénultième est brève de sa nature. Dans ce cas, l'antépénultième est toujours longue, lors même qu'elle est brève d'après la prosodie naturelle. Exemple : *hóminis, cápita, fúerit, Dóminus.*

Quand on fait usage de bons psautiers, il est facile de distinguer cette syllabe longue ; elle est toujours accentuée, au moins dans les mots de plus de deux syllabes.

2e *Règle*. — Il n'y a ordinairement dans un mot qu'une seule syllabe brève. Il n'y en a jamais que dans les mots de plus de deux syllabes. Dans les mots de plus de deux syllabes, il n'y a de brève que la seule pénultième, quand elle est telle de sa nature. Exemple : *judica, libĕra, principĭum.*

Généralement on fait encore brèves les syllabes terminées par une voyelle suivie immédiatement, dans le même mot, d'une autre voyelle. Exemple : *remissĭonem, mortŭorum, resurrectĭonem.*

3ᵉ *Règle.* — Toutes les syllabes qui ne sont pas comprises dans les deux premières règles sont toujours ou communes ou coulées. Mais quand ces syllabes doivent-elles être communes, quand doivent-elles être coulées? Il est impossible de le déterminer par une règle générale. C'est donc surtout au goût du chantre à le sentir. En général, 1° les communes et les coulées doivent être entremêlées, et placées presque alternativement, sans affectation pourtant ou trop de rigueur. Ce système d'exécution donne au chant une agréable variété. Une série de syllabes de même quantité rendrait trop uniforme et trop lourd un chant qui doit être essentiellement varié et léger. 2° On doit faire en sorte que toute syllabe qui précède une longue soit coulée. La voix tombe alors avec plus d'aplomb sur cette syllabe longue, et lui donne plus facilement la durée et la force qu'elle doit avoir. 3° Sans s'en rapporter rigoureusement à la quantité naturelle, on peut se diriger quelque peu d'après elle, pour faire communes les syllabes qui sont longues d'après cette prosodie, coulées celles qui sont brèves.

Nous savons que ce mode de prosodier est contraire à la notation ordinaire des livres de chant parisien. On n'y reconnaît que les longues parfaites, les longues communes et les brèves, sans mentionner les syllabes coulées. Cependant, que tout chantre essaie d'exécuter de la manière usitée quelques versets du premier psaume venu, il verra que réellement il suit, peut-être sans le savoir, la quantité que nous avons indiquée. Aussi ce mode de psalmodie, qui est par le fait presque généralement suivi, est-il enseigné dans plusieurs méthodes nouvelles. En admettant les syllabes coulées, nous ne faisons donc que noter le chant tel qu'on le rend. Nous ne changeons ni son esprit ni son mode d'exécution. Nous ne faisons que corriger une manière d'écrire qui exprimait mal la valeur et la quantité des syllabes dans le chant libre.

4ᵉ *Règle.* — Les monosyllabes introduisent des changemens dans la quantité naturelle des mots qui les accompagnent. Ils sont donc soumis à des règles parti-culières. On doit toujours les regarder comme ne for-mant qu'un seul et même mot avec celui qui les régit, soit que ce mot les suive ou les précède. On peut les diviser en deux classes :

1° Les uns se rapportent au mot qui les suit et font sens avec lui. Or il peut alors se présenter deux cas : ou le mot qui suit le monosyllabe est lui-même d'une seule syllabe, ou il est composé de plusieurs.

Dans le premier cas, le monosyllabe formant un nouveau mot de deux syllabes avec le monosyllabe qui le suit, se trouve long en vertu de la seconde règle. Exemple : *in te, dé te, ád cor, tú es* ; et le second mono-syllabe est tantôt commun, tantôt coulé, en vertu de la troisième règle.

Dans le second cas, le monosyllabe formant un nou-veau mot de plus de deux syllabes avec celui qui le suit se trouve tantôt commun, tantôt coulé, en vertu de la troisième règle. Exemple : *in virtute, per Dominum, qui timet.*

2° Les autres monosyllabes sont régis par le mot qui les précède et liés avec lui par le sens de la phrase. Or, il peut encore se présenter deux cas : ou le mot qui pré-

cède est lui-même un monosyllabe, ou il est composé
de plusieurs syllabes.

Dans le premier cas, le nouveau mot se trouvant
être de deux syllabes, la première, selon ce que nous
venons de dire, est longue en vertu de la première
règle, et la seconde commune ou coulée en vertu de la
troisième. Exemple : *in te*, *dé te*, *ád cor*, *tú es*.

Dans le second cas, le nouveau mot se trouvant être
de plus de deux syllabes, le monosyllabe lui-même est
commun ou coulé en vertu de la troisième règle, et la
dernière syllabe du mot qui le précède est brève, pourvu
toutefois que la pénultième de ce même mot soit longue ou de sa nature ou en vertu de la première règle.
Exemple : *portábŭnt te*, *advérsŭm me*, *sŭpĕr vos*,
pótĕns est, *confirmátŭm est*, *fáctĭ sunt*, *sálvŭm fac*.

Mais lorsque la pénultième du mot qui précède le
monosyllabe n'est pas longue, la dernière syllabe ne
devient pas brève, elle conserve sa quantité ordinaire.
Exemple : *libĕrá nos*, *judĭcá me*, *sustinŭí te*.

La plupart des anciennes méthodes et des vieux livres
de chant veulent que la dernière syllabe soit faite brève,
même dans ce dernier cas. Ils ordonnent en conséquence de faire longue la pénultième qui est brève de
sa nature. Exemple : *libéră nos*, *judícă me*, *sustinúi
te*. Cette règle n'est certainement fondée sur aucune
raison, elle est contraire à la quantité marquée dans
les psautiers et les bréviaires, car l'accent y est toujours placé sur l'antépénultième des mots dont la pénultième est brève, quoiqu'ils soient suivis d'un monosyllabe. Elle détruit d'ailleurs d'une manière choquante
la quantité naturelle et offre à l'oreille quelque chose

qui la blesse. Aussi, la plupart des nouvelles méthodes
n'en font plus aucun cas. Pour notre compte particulier nous la trouvons aussi mauvaise. Cependant comme
cette règle est encore presque généralement suivie, et
que l'usage l'a, pour ainsi dire, consacrée, nous n'o-
sons tout-à-fait la proscrire. On consultera donc sur ce
point l'usage des lieux où l'on chante, et on s'y conformera. Nous la tolérons, surtout pour les médiations
et terminaisons des psaumes, où elle peut être quelque
peu utile pour l'arrangement plus facile des syllabes.

Pour faciliter l'intelligence et l'application des règles
que nous venons de donner, nous allons les appliquer à
quelques exemples.

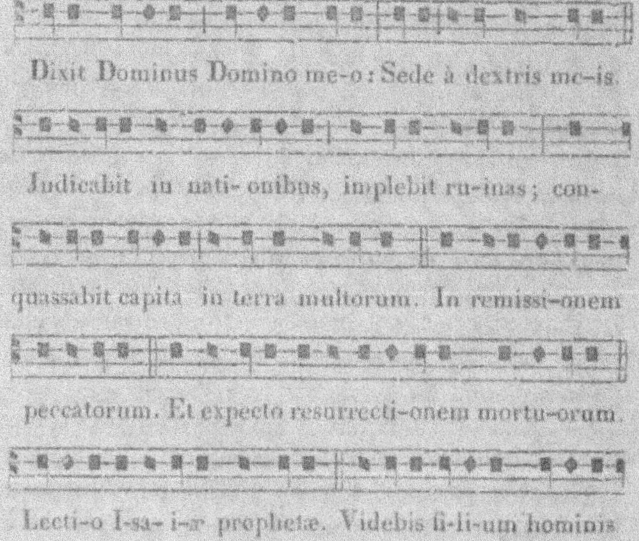

Dixit Dominus Domino me-o : Sede à dextris me-is.

Judicabit in nati- onibus, implebit ru-inas ; con-

quassabit capita in terra multorum. In remissi-onem

peccatorum. Et expecto resurrecti-onem mortu-orum.

Lecti-o I-sa- i-æ prophetæ. Videbis fi-li-um hominis

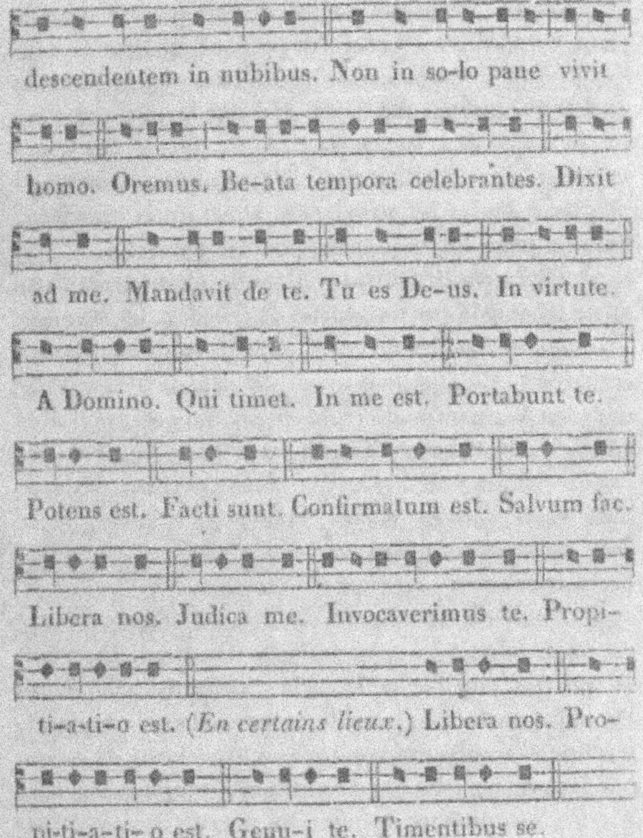

descendentem in nubibus. Non in so-lo pane vivit

homo. Oremus. Be-ata tempora celebrantes. Dixit

ad me. Mandavit de te. Tu es De-us. In virtute.

A Domino. Qui timet. In me est. Portabunt te.

Potens est. Facti sunt. Confirmatum est. Salvum fac.

Libera nos. Judica me. Invocaverimus te. Propi-

ti-a-ti-o est. (*En certains lieux.*) Libera nos. Pro-

pi-ti-a-ti- o est. Genu-i te. Timentibus se.

ARTICLE II. — *De la Quantité dans le Plain-Chant
battu et mesuré.*

Les pièces de plain-chant battu ou mesuré étant presque toujours entièrement notées, la connaissance de la

quantité est beaucoup moins nécessaire que dans le plain-chant libre. Cependant elle est essentielle dans l'exécution des hymnes en plain-chant battu pour les versets qui ne sont pas notés, puisque la quantité n'est pas la même dans toutes les strophes. Quant aux hymnes en plain-chant mesuré, il faut ordinairement appliquer à toutes les strophes le chant de la première, dût-on pour cela blesser la quantité naturelle.

1° *Plain-chant battu*. — Dans le plain-chant battu on ne reconnaît que trois sortes de syllabes, les *longues*, les *communes* et les *brèves*. Les *coulées* n'y sont jamais employées. Ce que nous avons dit dans la 1ʳᵉ, 2ᵉ et 4ᵉ règle sur la quantité du plain-chant libre est applicable au plain-chant battu. Toutes les syllabes qui sont déclarées longues ou brèves en vertu de ces règles sont aussi telles dans ce chant. Toutes les syllabes qui ne sont pas comprises dans ces trois règles sont généralement communes, sans nulle exception.

2° *Plain-chant mesuré*. — Le plain-chant mesuré est aussi soumis à une quantité particulière. On y suit autant que possible celle de la versification. Toutefois l'application de cette prosodie naturelle laisse une grande latitude et souffre de nombreuses exceptions. Il est cependant de rigueur que l'on respecte toujours la quantité des pénultièmes des mots de plus de deux syllabes.

CHAPITRE VI.

DE L'INTONATION ET DE L'UNISSON DES DOMINANTES.

1° *Entonner*, c'est commencer un chant et lui donner le ton qui lui convient. C'est ce qu'indique assez le mot intonation : *action de mettre dans le ton*.

L'intonation étant la clef de l'exécution d'une pièce de chant, demande de la part du chantre une attention particulière.

Pour bien entonner une pièce de chant, il ne faut la prendre ni trop haut ni trop bas, de manière que la voix puisse avec aisance en exécuter l'étendue supérieure et inférieure.

C'est la dominante qui doit servir de guide dans l'intonation. Elle doit donc être placée sur le degré de hauteur le plus convenable à la voix qui exécute, ou au gros des voix, si l'on chante en chœur. On choisit ordinairement le *la* du serpent pour les voix moyennes, et le *sol* pour les voix basses. L'on dit alors que l'on chante en *la* ou en *sol*, selon que la dominante est établie sur le *la* ou sur le *sol* du serpent.

Au reste, l'élévation de la dominante doit varier en raison du rit de la fête qu'on célèbre. En général il faut chanter à pleine voix aux fêtes solennelles, moins haut les dimanches ordinaires, et gravement aux fêtes

d'un rit inférieur. L'office des morts demande surtout
à être exécuté gravement. Le chant en est alors plus
lugubre et par conséquent plus en rapport avec la cé-
rémonie.

Mais comment trouver le ton que l'on veut donner à
la dominante? Dans les églises qui ont un serpent, la
chose n'est pas difficile. Dans celles qui n'ont pas de
serpent, il faut que le chantre chargé de diriger le
chœur soit capable de saisir d'une manière sûre le degré
de hauteur qu'il veut avoir. S'il n'est point assez habile,
il doit se servir d'un *diapason*.

2° Ce n'est pas assez de savoir entonner un morceau
isolé, il faut encore savoir coudre ensemble les différentes pièces qui composent un office. Cet enchaînement s'obtient en mettant les tons à l'unisson. Or,
mettre les *tons à l'unisson*, c'est en chanter les dominantes sur le même degré d'élévation.

Ceci est d'une importance majeure ; car autant l'o-
reille est choquée d'entendre chanter un psaume sur un
ton et l'antienne sur un autre ton, autant elle est flattée
de remarquer dans l'exécution des différens chants d'un
office cette uniformité de ton et cet enchaînement naturel qui en font la beauté. La nature même du chant
semble demander cet unisson dans les dominantes. Dans
tous les tons, elles sont placées de manière à occuper le
milieu de l'étendue de la modulation. Or, n'est-il pas
à présumer que le compositeur n'a eu en vue que de
faire chanter ces dominantes sur un même degré de
hauteur, pour que la voix ne fût jamais forcée et qu'elle
n'eût jamais à parcourir, soit dans le haut, soit dans le
bas, que les mêmes degrés de la gamme ?

L'utilité de l'unisson, moins grande dans les offices tels que la messe, où les chants s'exécutent par intervalle, se fait surtout sentir dans les matines, les vêpres, et autres offices où les chants se succèdent sans interruption.

Pour observer l'unisson dans ces sortes d'offices, il suffit de suivre les règles suivantes : 1° Faire l'imposition de l'antienne sur la dominante du morceau qu'on vient de chanter. 2° Adapter la dominante du psaume à la dominante de l'imposition. 3° Chanter l'antienne sur le ton du psaume.

Voici une application de ces règles aux vêpres du dimanche.

Commencez sur le ton que vous voulez prendre pour dominante :

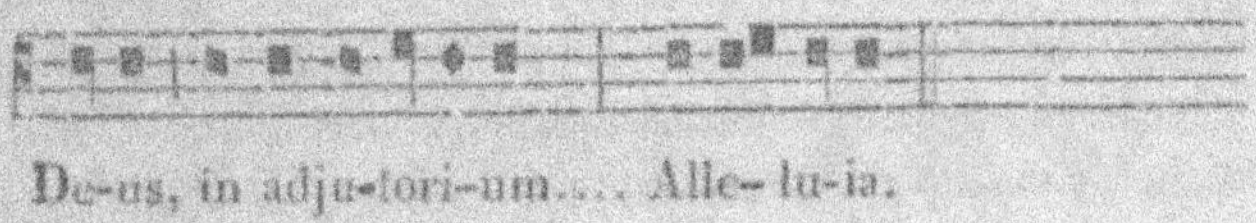

De-us, in adju-tori-um.... Alle-lu-ia.

Imposez l'antienne sur le ton de l'ut précédent.

Dixit Dominus.

Adaptez la dominante du psaume à celle de l'imposition.

Dixit Dominus.... dextris me- is.

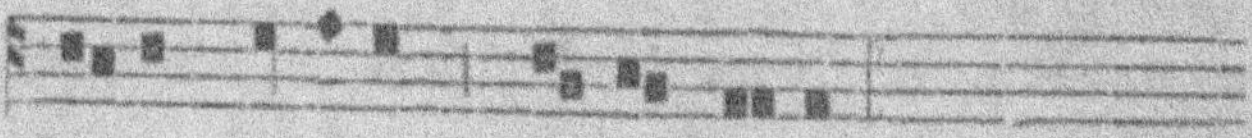

Di– xit Dominus... dextris me– is.

Fide-li-a.

Et ainsi de suite.

Il est facile de voir qu'en suivant cette marche, on chantera toujours sur le même ton ; car les dominantes s'appuyant successivement l'une sur l'autre, elles reposent en définitive sur la première, c'est-à-dire, sur celle du chant qui a commencé l'office. On doit donc apporter un soin particulier dans l'intonation de ce premier chant, puisqu'il doit servir de point de départ pour l'intonation des autres chants.

Dans un assez grand nombre d'églises on élève la dominante d'un ton à l'Hymne et au *Magnificat*. Cette pratique n'est point condamnable.

CHAPITRE VII.

DU MOUVEMENT.

Par *mouvement* nous entendons le degré de vitesse avec laquelle on exécute une pièce de chant.

Il y a cinq principales modifications du mouvement, qui dans l'ordre du lent au vite, s'expriment par ces mots : *lent, modéré, gracieux, gai, vite* (1).

1° La vitesse du mouvement doit être réglée sur le caractère du chant que l'on exécute, et surtout sur le rit de la fête que l'on célèbre. Ainsi il faut chanter lentement aux fêtes solennelles, modérément les dimanches ordinaires, et prestement aux offices d'un rit inférieur.

2° Tout ce qui se chante en adoration, tout ce qui s'adresse directement à Dieu ou à un saint, doit, dans tous les rits, être chanté lentement.

3° Le mouvement doit être uniforme dans le cours

____

(1) Pour régler la vitesse, on peut se servir, outre l'instrument qu'on appelle *chronomètre*, du mouvement d'un balancier. On sait que le balancier dont les oscillations durent une seconde doit avoir un mètre de longueur ; et comme les balanciers sont entre eux comme les carrés de leurs mouvemens, celui dont les oscillations durent 1/2 seconde, doit avoir 0^{m}25 ; le balancier à quart de seconde 0^{m}06 1/4, et ainsi de suite.

de l'exécution d'un chant. Cependant les intonations doivent en général être chantées plus lentement que le reste. On excepte aussi tout ce qui est compris dans le 2° ci-dessus.

Ces trois observations ne concernent pas le plain-chant mesuré. Leur mouvement doit toujours être réglé sur le seul caractère du chant.

CHAPITRE VIII.

DE L'EXPRESSION.

Le chant n'étant autre chose qu'un discours, doit comme lui avoir ses teintes différentes. Si le caractère d'un morceau est animé, l'expression devra avoir une vivacité analogue, sous peine de contresens de la part du chantre. La manière d'émettre le son n'est donc pas indifférente. Elle doit toujours s'harmoniser avec le caractère du chant que l'on exécute.

Le chant d'église étant essentiellement grave, il faut éviter dans son exécution le ton de déclamation que l'on donne dans les théâtres à la musique profane, par l'augmentation ou la diminution du volume de la voix. Il ne peut se prêter à cette grande variété, sans avoir un air efféminé, indigne par conséquent de la majesté du culte divin. Son exécution demande plus de pureté que d'expression de la part du chantre. C'est

pour cette raison que les signes d'expression employés
dans la musique pour indiquer les nuances particulières
et le caractère de chaque partie de chant, ne sont pas
en usage dans le plain-chant. Néanmoins, sous prétexte
que l'on doit éviter les démonstrations trop prononcées
dans l'exécution des chants d'église, il faut prendre
garde de tomber dans un défaut contraire, en chantant
d'une manière sèche, languissante, morte. Quoique
nécessairement privé de tout mouvement démonstratif
et chanté d'un ton de voix uniforme, le plain-chant
demande à être senti, à être rendu avec feu et avec ame,
à être exprimé comme par un pieux élan et un saint
enthousiasme.

CHAPITRE IX.

DE LA RESPIRATION.

Il ne faut pas confondre la *respiration* avec le *repos*.
La respiration n'est point essentielle au chant ; elle est
commandée par la seule nécessité. Le repos, au contraire, est inspiré par le goût même du chant.

La nécessité de la respiration dépendant de la force
des poumons, et cette force variant selon les constitu-
tions, on conçoit que l'on ne peut préciser en général la
distance d'une respiration à une autre. Ce que l'on peut
dire, c'est qu'il est utile de respirer fréquemment. Du

reste, chaque chantre doit consulter ses organes indivi-
duels et ménager sa voix, de manière à n'être pas obligé
de respirer au milieu d'un mot ou d'interrompre la
liaison des syllabes. Si cependant il se rencontre un mot
tellement long, qu'il oblige de respirer au milieu de la
prononciation, on peut prendre haleine, en évitant
toutefois de mettre aucun repos ou de rompre le mouvement du chant. On prend alors sur la note qui précède la respiration le temps strictement nécessaire pour
cette fonction. C'est ce qui doit se pratiquer chaque fois
que l'on respire dans un endroit où il ne faut faire aucun
repos.

L'art de respirer est une partie importante dans le
chant ; car l'instant où l'on doit respirer est loin d'être
indifférent, et il importe beaucoup de savoir saisir le
moment où l'on puisse convenablement satisfaire ce
besoin de la nature. Celui qui ne sait ni comprimer ni
ménager avec adresse le volume d'air nécessaire à la
respiration, ne peut avoir ni force ni timbre dans la
voix. De plus, sans cette faculté, il n'est guère possible
de bien phraser en chantant. Le moment à saisir comme
le plus favorable pour l'aspiration de l'air est celui de la
durée des repos.

Dans la respiration on doit éviter de faire entendre
en chantant une espèce de hoquet vocal : ce défaut est
commun aux chantres médiocres. La souffrance que
semble éprouver celui qui respire ainsi réagit sur les
auditeurs, et leur rend insupportables les chants les
plus beaux.

CHAPITRE X.

DES REPOS.

Nous avons vu à l'article des barres que le chant, comme le discours, avait des repos plus ou moins suspensifs et sa ponctuation ; que les barres jouaient, pour l'indication de ces repos, le même rôle que les points et les virgules. Si nos livres de chant étaient bien rédigés, pour observer les repos en chantant, il suffirait, comme quand on lit un livre correctement écrit, de les faire tels qu'ils seraient indiqués par les barres. Mais notre liturgie laissant encore tout à désirer sous ce rapport, il faut nécessairement que celui qui exécute supplée à son imperfection. Les avis suivans pourront le diriger dans ce travail.

1° Pour faire les repos, il faut consulter le sens du chant et les placer où le compositeur semble les avoir indiqués. L'on peut dire qu'ici c'est au *goût du chantre* à sentir le *goût du chant*.

2° Il faut se guider surtout sur le sens des paroles, en conséquence faire toujours un repos après les points et après les virgules.

3° Quand la longueur l'exige, on peut faire de petits repos au milieu même des membres de phrases ; mais on doit éviter de détruire le sens des paroles en séparant des mots qui ont entre eux une sorte de connexion.

Il faut lire comme il suit les phrases suivantes : *Da robur — fer auxilium ; et nunc — et semper ; tu nobis victor rex—miserere ; Domine sancte — Pater omnipotens ; credidi — propter quod locutus sum* ; et prendre garde d'imiter ceux qui, ne sachant pas le latin, disent : *Da robur fer — auxilium ; et nunc et — semper*, etc. Celui qui ferait un tel repos commettrait la même faute que celui qui en lisant s'arrêterait entre le substantif et son adjectif, la préposition et son régime.

4° Il ne faut jamais placer de repos au milieu d'un mot, quand même la nécessité forcerait de respirer.

Cependant, quand sur une même syllabe il se trouve deux notes de suite sur un même degré, on doit faire un repos après la première note.

Le placement des repos présente surtout des difficultés dans l'exécution des chants non notés, tels que psaumes, épîtres, évangiles, etc. : il en présente particulièrement encore dans les hymnes en plain-chant battu où l'on répète plusieurs fois le même chant sur des paroles différentes. Le chant ne se trouve alors disposé que pour la première strophe ; or, dans les strophes suivantes la coupe des phrases et des membres de phrases ne se trouvant pas toujours aux mêmes endroits, il est souvent nécessaire, pour conserver l'harmonie qui doit essentiellement exister entre les repos du chant et ceux des paroles, d'introduire quelque léger changement dans le placement des syllabes et l'arrangement des mots. Le chantre doit devenir alors en quelque sorte compositeur, puisque c'est à lui à opérer ce changement.

Pour réussir dans ce travail, il doit savoir que le sens poétique et le sens musical doivent toujours se prêter un mutuel secours ; en conséquence il doit faire en sorte que les deux ponctuations se correspondent et marchent toujours de pair, que les repos de la phrase oratoire coïncident avec ceux de la phrase musicale. Avant d'exécuter, il faut donc alors saisir le caractère du chant, sa division en phrases et membres de phrases, pour y adapter ensuite les phrases et les périodes des paroles que l'on veut chanter.

Ces dernières réflexions ne s'appliquent pas au chant mesuré ; l'arrangement des syllabes doit en général s'y faire de la même manière pour toutes les paroles, et les repos, quand ils ne sont pas indiqués d'une manière particulière, ne doivent s'y faire qu'à la fin des strophes.

CHAPITRE XI.

DU PLAIN-CHANT BATTU.

Le *plain-chant battu* est celui que l'on rencontre dans les pièces ordinaires, tels que *introït*, *graduel*, *offertoire*, *communion*, *antienne*, *répons*, etc. Il est appelé battu, parce que, pour le bien exécuter, il faut battre la note et la chanter carrément.

Le plain-chant battu s'exécute de différentes manières , suivant les localités ; mais partout on est d'accord sur ce qui suit :

1° Les doubles carrées ne doivent se faire que dans deux cas , savoir : dans ce qu'on appelle crochets ou périélèses , et à la pénultième ou antépénultième note de toute pièce de chant.

Dans tous les autres cas il ne faut tenir aucun compte de ces doubles carrées ; on doit toujours passer sur elles comme si elles étaient des carrées simples , car ces notes défigurent le chant. Nous présumons qu'elles ne sont originairement que des fautes d'impression. L'imprimeur aura placé sur le même degré deux notes qui devaient se trouver sur deux degrés différens. Il nous serait facile de prouver cette conjecture par des exemples frappans , en confrontant les éditions diverses.

2° Il faut aussi regarder comme carrées simples toutes les carrées à queues qui peuvent se rencontrer dans le courant d'une pièce de chant, à moins qu'elles ne précèdent immédiatement une note brève. En ce cas, nous dirons plus loin quel compte on doit en tenir.

3° Quand on rencontre deux brèves de suite, il faut leur donner la valeur d'une carrée simple. On est dans l'habitude, en certains lieux, de pauser plus long-temps sur la première brève que sur la seconde ; on peut suivre cet usage, pourvu qu'on ne rompe pas le mouvement du chant.

D'accord sur ce qui précède, les plain-chanistes se divisent sur la valeur que l'on doit donner à la brève et à la note qui la précède. Ils se partagent en quatre classes :

1° Les uns donnent à la brève la valeur d'une carrée

simple ; ils font par conséquent toutes les notes absolument égales. Ceci s'observe dans plusieurs églises de Paris, lorsque l'on chante en chœur. Cette manière favorise l'exécution des chants en chœur, mais elle détruit la quantité et rend le chant lourd et pesant.

2° Les autres donnent à la brève la valeur d'une demi-carrée, et la valeur d'une carrée et demie à la note qui précède cette brève. Ce mode d'exécution est conforme à la notation ordinaire de nos livres, mais il rend le chant extraordinairement traînant, et se trouve par le fait presque totalement abandonné.

3° Les autres donnent aussi à la brève la valeur d'une demi-carrée, mais ils ne donnent à la note qui précède cette brève que la valeur d'une carrée simple. Ce genre d'exécution, qui est assez généralement suivi, produit un effet assez agréable ; cependant, à notre avis, on doit lui préférer le suivant.

4° Les derniers ne donnent à la réunion de la brève et de la note qui la précède que la valeur d'une carrée. Pour partager cette valeur entre ces deux notes, ils donnent à la note qui précède la brève les trois quarts de la valeur d'une carrée, et laissent l'autre quart pour la brève.

Dans ce mode d'exécution, toutes les notes étant réduites à la carrée simple, on a une suite de mouvemens uniformes, absolument égaux en durée. On a par conséquent un chant pour ainsi dire mesuré, et que l'on pourrait réellement battre en formant un temps avec chaque note carrée ou sa valeur. On comprend combien il est alors facile de donner à l'exécution l'unité, l'ensemble et le bon accord qui fait toute la beauté des chants en chœur. Cette méthode est heureusement suivie dans plusieurs diocèses, entre autres, ceux d'Arras, d'Amiens, de Rouen, etc... Aussi l'on y a vu des chœurs de plus de cent voix où l'on s'entendait tellement bien, que de loin on distinguait facilement chaque syllabe et chaque note, et qu'on eût cru qu'il n'y avait qu'une seule voix. Quelle différence de ce bel ensemble à la cacophonie qui, dans plusieurs de nos églises, choque si souvent les oreilles, les uns étant en avant, les autres en arrière, l'un prononçant une syllabe, l'autre une autre syllabe sur des notes différentes : cette manière d'exécuter le plain-chant battu est d'ailleurs conforme au bon goût et très-agréable à l'oreille. Les vrais connaisseurs l'ont toujours admirée.

Pour faciliter la pratique et l'intelligence de ces diverses méthodes, nous allons donner une pièce de chant notée selon chacune d'elles.

1er Genre d'exécution.

2ᵉ *Genre d'exécution.*

3ᵉ *Genre d'exécution.*

4ᵉ *Genre d'exécution.*

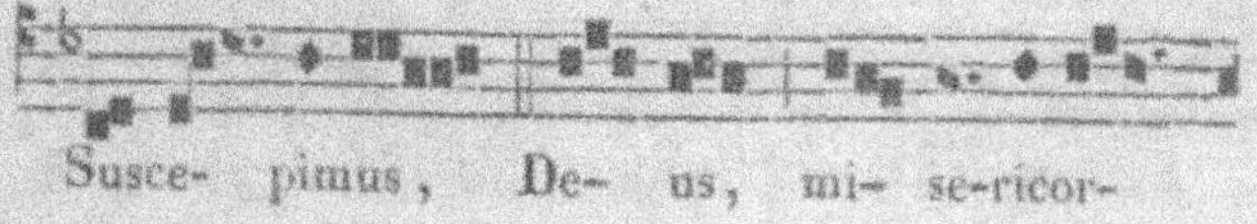

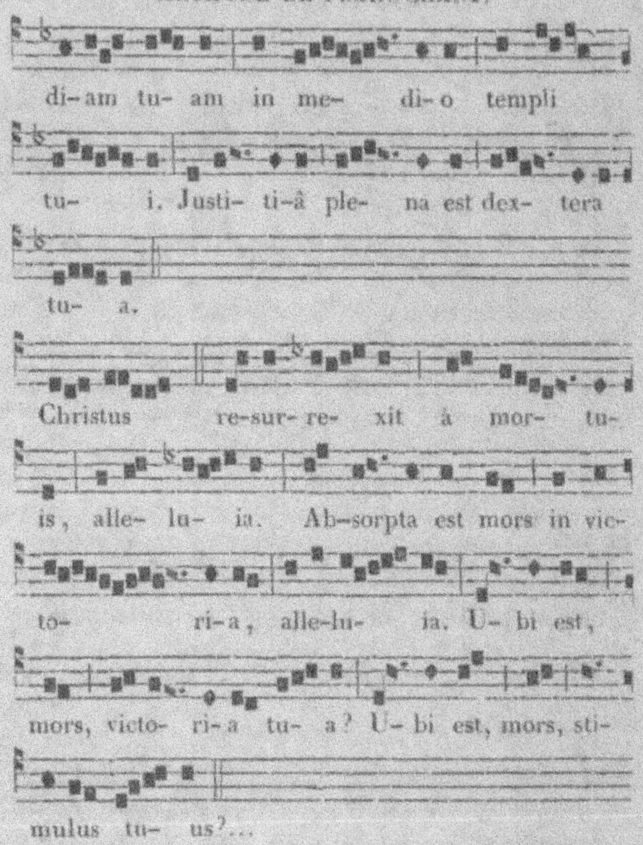

Hymne de saint Jean-Baptiste au temps de Guy.

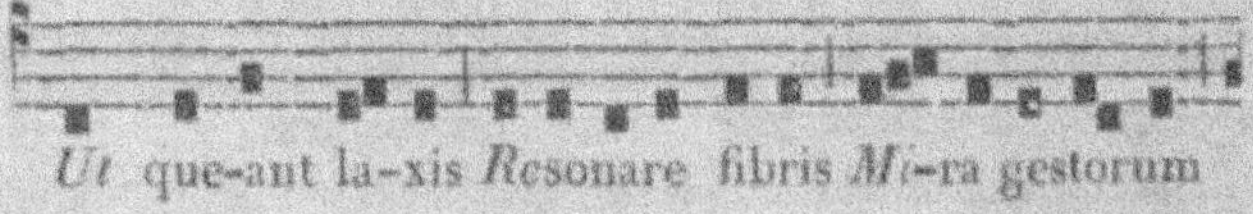

CHAPITRE XII.

DU PLAIN-CHANT MESURÉ.

Dans l'exécution d'un grand nombre de proses, d'hymnes et surtout de motets, on sent un mouvement et une cadence qui se succèdent dans des intervalles de temps égaux entre eux. On est convenu d'appeler *mesure* la durée de chacun de ces mouvemens isochrones et successifs, et *chants mesurés* ceux où se rencontrent ces mouvemens.

Le plain-chant mesuré est de la vraie musique écrite avec les caractères du plain-chant ; aussi plusieurs méthodes l'appellent *plain-chant musical*, c'est-à-dire, chant tenant au plain-chant par ses signes et à la musique par son caractère.

Le plain-chant mesuré diffère du plain-chant battu, comme la poésie de la prose ; de sorte qu'on peut appeler le plain-chant mesuré un chant *poétique*, et le plain-chant battu un chant *prosaïque*. En effet le plain-chant battu, comme la prose, procède librement, sans termes fixés ni périodes réglées ; au lieu que le plaint-chant mesuré procède périodiquement, avec nombre et mesure, de manière à former, comme la poésie, des vers réguliers.

Le plain-chant mesuré étant en fait de chant ce que la poésie est en fait de langage, il serait à souhaiter que toutes les hymnes et proses qui sont des pièces de poésie soient notées en chant mesuré, et pour ainsi dire poétique. Car il est fâcheux que l'on détruise, par de lourdes suites de notes, par des sons traînans ou précipités à contre-temps, tant de combinaisons ingénieuses, tant de force et de grâce que l'on remarque dans les hymnes sacrées. En un mot, il nous semble que c'est une chose contradictoire de noter en chant battu ou *prosaïque* des hymnes qui, par leur nature, sont essentiellement mesurées ou *poétiques*. C'est, contre l'avis d'*Horace*, « accoupler des tigres et des serpens »

Nos livres de chant sont donc encore dans une grande imperfection sur ce point. Nous avons cherché à y remédier en travaillant à la correction des hymnes et en les notant toutes en plain-chant mesuré. Nous nous sommes aussi attaché à donner à chaque hymne un chant propre, surtout pour celles des vêpres de tous les dimanches et fêtes. Nous avons donc dû introduire un grand nombre de chants nouveaux, puisque dans les livres le même chant se trouve quelquefois répété quinze fois. Ces chants ne viennent pas tous de notre composition ; ils sont tirés des livres à l'usage de *Rome*, d'*Amiens*, de *Noyon*, de *Soissons*, de *Rouen* et autres. Nous avons cru utile de noter ces hymnes dans toutes leurs strophes. Peut-être ferons-nous paraître cet

Hymnaire, au moins dans ses premières strophes, sous forme d'exercices pour les élèves.

L'exécution du plaint-chant mesuré nécessitant la connaissance de quelques principes qui tiennent de la musique, nous allons d'abord les exposer.

ARTICLE I. — *De quelques Notions sur le Plain-Chant mesuré.*

La *mesure*, comme nous l'avons dit, désigne la valeur chronique ou la durée des mouvemens successifs d'un chant.

Dans un chant, chaque mesure doit contenir des valeurs équivalentes, soit en notes, soit en silences.

Les notes ou les silences qui remplissent une mesure se placent entre deux barres qu'on appelle *barres de mesure.*

Toute mesure se subdivise en parties aliquotes ou petits mouvemens égaux entre eux, qu'on appelle *temps*.

Pour marquer la durée égale qu'on doit donner à chaque mesure, on fait sur chaque temps un mouvement égal de la main ou du pied ; c'est ce qu'on appelle *battre la mesure*. Le temps sur lequel on frappe pour marquer la mesure s'appelle *temps frappé*. Ce temps est toujours le premier de la mesure. Les autres temps sont nommés *temps levés*.

Il existe plusieurs sortes de mesures qu'on distingue par un chiffre placé en tête du morceau de chant. Le nombre exprimé par le chiffre donne à la mesure sa dénomination particulière.

La mesure à *quatre temps* est regardée comme base

de toutes les autres. Cette mesure se marque par C ou
$\frac{4}{4}$, et se remplit par quatre carrées.

Les autres mesures dérivent de celle à quatre temps,
et sont regardées comme des fractions de cette mesure.
En conséquence, elles s'indiquent par un nombre frac-
tionnaire. Les mesures dérivées sont en très-grand
nombre. Les plus usitées sont celles que l'on nomme
par les chiffres suivans : $\frac{3}{4}$, $\frac{2}{4}$, $\frac{6}{8}$, $\frac{3}{8}$.

Le chiffre inférieur ou dénominateur exprime un
nombre de notes de même valeur, faisant ensemble la
durée d'une mesure à quatre temps. Le chiffre supérieur ou numérateur indique combien il faut prendre
de ces notes pour remplir la mesure. Ainsi la mesure $\frac{3}{4}$
se remplit par trois carrées ; celle $\frac{2}{4}$, par deux carrées ;
celle $\frac{6}{8}$, par six demi-carrées ; celle $\frac{3}{8}$, par trois demi-
carrées.

Les *mesures dérivées*, quelles qu'elles soient, se bat-
tent toujours ou en trois, ou en deux temps.

La mesure se bat en trois temps quand le numérateur
est un chiffre impair.

La mesure est à deux temps quand le numérateur est
un chiffre pair.

Le plain-chant mesuré admet encore, comme la musique, le triolet, la note d'agrément, la liaison, les silences.

Le *triolet* est une réunion de trois notes que l'on exécute dans le même intervalle de temps que l'on met à
exécuter deux notes de même valeur. Les notes qui
forment le triolet doivent être surmontées d'un petit 3.

La *note d'agrément* est une petite note sur laquelle
la voix passe légèrement pour arriver à la note ordinaire

qui la suit. Sa valeur est nulle pour la mesure ; dans l'exécution, on fait perdre à la note qui la précède ou qui la suit la durée qu'on lui donne. En solfiant on ne nomme point la note d'agrément, mais on fait entendre le son qu'elle représente en nommant la note ordinaire avec laquelle elle est liée.

La *liaison* a lieu quand on passe plusieurs notes sous un seul coup de gosier. Elle se marque par un trait recourbé dont on couvre les notes qui doivent être liées ensemble.

Les *silences* sont des signes que l'on met à la place des notes, pour marquer que le temps exprimé par leur valeur doit être passé sans chanter. Les silences sont donc les signes de l'interruption des sons, comme les notes sont les signes de leur durée.

Les principaux silences sont : 1° la *pause* qui vaut une mesure entière ; 2° la *demi-pause* qui vaut la moitié d'une mesure ; 3° le *soupir* qui vaut une carrée ; 4° le *demi-soupir* qui vaut une demi-carrée ; 5° le *quart de soupir* qui vaut une brève.

Les silences de plusieurs mesures se désignent en laissant une mesure blanche et en indiquant par un chiffre placé au-dessous le nombre des mesures qu'il faut battre sans chanter.

Le point produit, après les silences, le même effet qu'après les notes.

Le tableau suivant donnera un résumé de tout ce que nous avons dit dans cet article.

Mesures diverses.

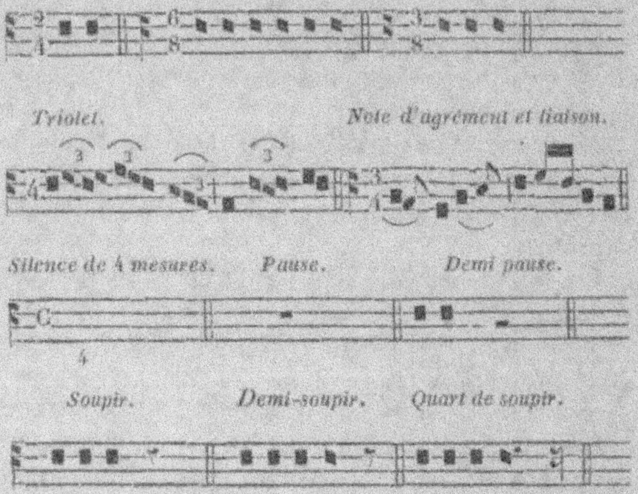

Triolet.

Note d'agrément et liaison.

Silence de 4 mesures. *Pause.* *Demi pause.*

Soupir. *Demi-soupir.* *Quart de soupir.*

ARTICLE II. — *De l'Exécution du Plain-Chant mesuré.*

Avec la connaissance des principes ci-dessus posés, on parvient facilement à exécuter régulièrement les chants mesurés. Il suffit pour cela : 1° de regarder dans quelle mesure est composé le chant que l'on doit exécuter ; 2° de se rappeler que chaque mesure commence immédiatement après chaque barre ; 3° de donner exactement à chaque note sa valeur respective et d'observer rigoureusement tous les autres signes ; 4° de battre d'une manière égale chaque temps de la mesure, et de ne rester jamais plus long-temps sur une mesure que sur une autre, à moins que la nature même du chant ne demande un changement dans le mouvement.

Ce qui est à regretter, c'est que tous les chants mesurés, surtout ceux des hymnes et des proses du rit parisien, ne soient presque jamais exactement notés, c'est-à-dire, avec des chiffres, des barres de mesure, et surtout la valeur véritable dans les notes. Ce mauvais état de la plupart des livres de chant parisien met de nombreuses entraves dans l'étude et l'exécution du plain-chant mesuré. Dans les éditions nouvelles on a fait disparaître grand nombre de ces imperfections; mais ces améliorations laissent encore beaucoup à désirer. Nous en avons indiqué la cause en parlant de la valeur des notes.

En attendant l'entière correction, comment exécuter en mesure les chants mesurés tels qu'ils sont notés dans les livres? On ne peut rien préciser, puisque les fautes qu'ils présentent ne sont pas toujours de même nature. Voici cependant quelques avis:

1° C'est à l'oreille à distinguer dans quelle mesure le chant se trouve composé. Cette distinction est très-facile pour une oreille exercée. D'ailleurs, les proses ont souvent une mesure $\frac{3}{8}$ qui se bat à trois temps, à l'exception des deux dernières strophes qui sont quelquefois à deux ou à quatre temps.

2° C'est encore à l'oreille à distinguer où commence et finit chaque mesure. Mais le mouvement et le goût du chant facilitent beaucoup cette distinction.

3° Quant à la valeur des notes, il s'agit ou de mesure à deux temps, ou de mesure à trois temps.

Dans la mesure à deux temps on ne peut donner aucune règle, puisque tout est mal noté dans les chants de cette mesure. L'exécuteur doit donc suppléer lui-même à tout. Au reste, dans les livres d'église ordinaires on rencontre assez rarement ces sortes de chant.

Dans la mesure à trois temps, comme celle des proses, les carrées à queue et les carrées simples valent généralement deux temps. Les carrées qui ne valent qu'un seul temps se trouvent ordinairement dans les liaisons, comme dans *salvatorem*, à la première strophe de la prose de *Noël*, etc.

Dans cette mesure les brèves valent toujours un temps.

Au reste, quand on se sert de livres mal notés, il faut éviter de donner une attention trop grande à la valeur des notes. C'est le plus sûr moyen de ne se pas tromper. Il faut tâcher de saisir le caractère et le mouvement du chant, et avec du goût et de l'habitude, on distinguera facilement les notes qu'il faut faire carrées et celles qu'il faut faire demi-carrées.

Voici la manière dont, selon nous, le plain-chant mesuré devrait être noté, et la correction qu'on pourrait introduire dans les hymnes en plain-chant battu pour les rendre moins traînantes et moins opposées au caractère poétique qu'elles doivent avoir.

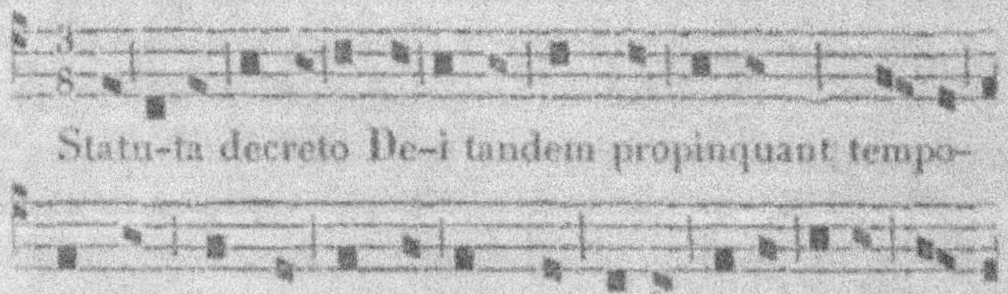

di- es.
Quid moras nectis? Do-mino ju-benti Cede; qui
sacro la-vat igne corda, Hic tu-is ardet manibus.
Jo- annes, Amne la- vari.
Ve-ni, cre- ator Spi-ritus, Mentes tu-orum vi-
si-ta, Implo su-pernâ grati-â Quæ tu creas-ti pec-
to- ra.
Forti tegente brachi-o, Eva-simus rubrum ma-
re, Tandemque durum per-fidi Jugum tyranni fre-
gimus.

Labente jam so- lis rotà, Incli-nat in noctem di-es ;

Sic vi-ta supremam cito Festinat ad metam gradu.

Christi marty- ribus de- bi-ta nos decet Virtutis me-

mores promere can-ti-ca ; Quos nec blan-di- ti-is nec

po-tu- it minis Fallax vincere se- culum.

Ecce sedes hìc Tonantis, ecce cœ-li ja-nu-a.

Hic sa-cerdos, a-ra, templum, hìc De- us fit hos-

ti- a : Incru- entà morte jugis hic amor li- tat

De- um.

Crux alma, sal-ve, crux ve-nera-bi-lis, Torrente

Christi sangui-nis e-bri-a, Testis dolorum tu su-
prema Verba De- i mori- en-tis au- dis.
Ter sancte, ter po-tens De-us, Incompre-hensa
Trinitas; O lux perennis, propri- is O ter be-a- ta
gaudi-is.
O vos æ- the-re-i, plaudite, cives : Hæc est il-la
di- es clara triumpho, Quâ matrem pla-cidâ morte
so- lutam Natus si-de-re- â susci- pit au-là.
Ave ma-ris stel-la, De- i mater alma, Atque semper vir-go, Fe-lix cœ-li por-ta !

CHAPITRE XIII.

DU PLAIN-CHANT LIBRE.

Le *plain-chant libre* est celui que l'on rencontre dans le chant des psaumes, évangiles, épîtres, oraisons, leçons, capitules, versets. C'est encore celui de plusieurs chants, tels que la préface, le *Pater*, l'*Exultet*, l'*Adoremus*, les généalogies, les passions, les lamentations, les invitatoires, la bénédiction des fonts, et généralement de toutes les pièces où il n'y a qu'une seule note sur la plupart des syllabes, où aussi les notes brèves et coulées sont très-multipliées et placées sur des syllabes ordinairement longues dans le plain-chant battu.

Ce genre de chant simple mais majestueux dans sa marche semble se mettre au-dessus de toute règle, et demande à être exécuté avec un abandon de piété et d'enthousiasme religieux. Il repousse surtout cette sécheresse insignifiante, cet air lourd et embarrassé que lui donnerait une mesure trop exacte. Les notes ne font qu'y indiquer approximativement la durée relative des sons; c'est surtout au goût du chantre à préciser la valeur réelle qu'elles doivent avoir. Comme le récitatif des musiciens dont il tient beaucoup, le plain-chant libre tire sa principale beauté de l'habileté de celui qui l'exécute. C'est donc surtout dans l'exécution de ce chant qu'il est nécessaire de mettre en pratique ce que nous avons dit sur le goût et sur la voix.

Comme nous avons eu occasion de le remarquer en parlant de la quantité du plain-chant libre, nos livres sont encore dans une grande imperfection sous le rapport de la notation de cette sorte de chant. Cette imperfection vient de ce qu'on a semblé ne mettre, jusqu'à présent, aucune distinction entre ce chant et le plain-chant battu, distinction cependant nécessairement exigée par le caractère tout différent de ces deux chants.

Voici la manière dont, selon nous, le plain-chant libre devrait être écrit pour que sa notation soit en rapport avec l'esprit de ce chant et le mode d'exécution qu'on lui donne naturellement.

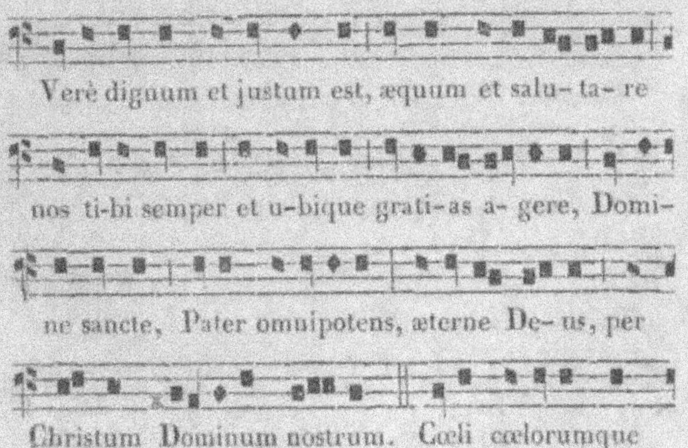

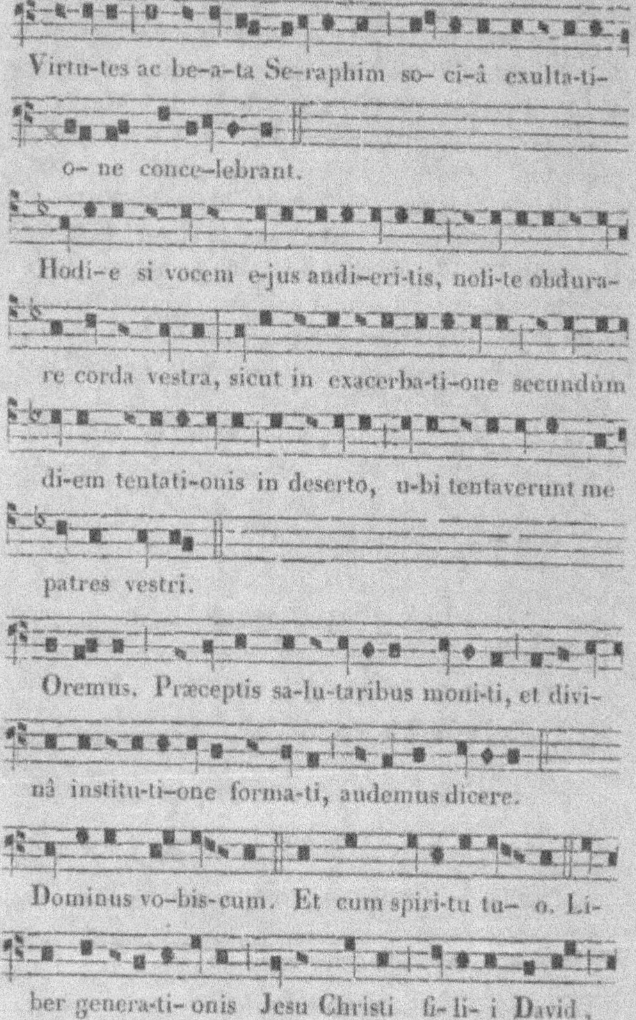

Virtu-tes ac be-a-ta Se-raphim so- ci-à exulta-ti-
o- ne conce-lebrant.
Hodi-e si vocem e-jus audi-eri-tis, noli-te obdura-
re corda vestra, sicut in exacerba-ti-one secundùm
di-em tentati-onis in deserto, u-bi tentaverunt me
patres vestri.
Oremus. Præceptis sa-lu-taribus moni-ti, et divi-
nà institu-ti-one forma-ti, audemus dicere.
Dominus vo-bis-cum. Et cum spiri-tu tu- o. Li-
ber genera-ti- onis Jesu Christi fi- li- i David,

CHAPITRE XIV.

DE LA PSALMODIE.

La *psalmodie* est, comme le dit le mot (*psalmos-odë*), cette partie du plain-chant qui concerne le chant des psaumes.

Autant le chant des psaumes est imposant et majestueux quand il est bien exécuté, autant il devient commun, et pour ainsi dire trivial, quand il est mal rendu. Or, ce qui peut surtout contribuer à embellir la noble simplicité du chant des psaumes, c'est l'exacte observance des règles que de sages méthodes ont tracées sur ce point. Il est donc nécessaire d'apporter une attention particulière dans l'étude de cette partie du chant ecclésiastique.

On distingue trois sortes de psalmodie : la psalmodie simple, la psalmodie composée et le faux-bourdon.

Nous parlerons de chacune en particulier.

Article I. — *De la Psalmodie simple.*

La *psalmodie simple* est celle qui se fait à voix directe, c'est-à-dire, sans élévation, ni abaissement de voix. Voici la manière dont elle doit être exécutée.

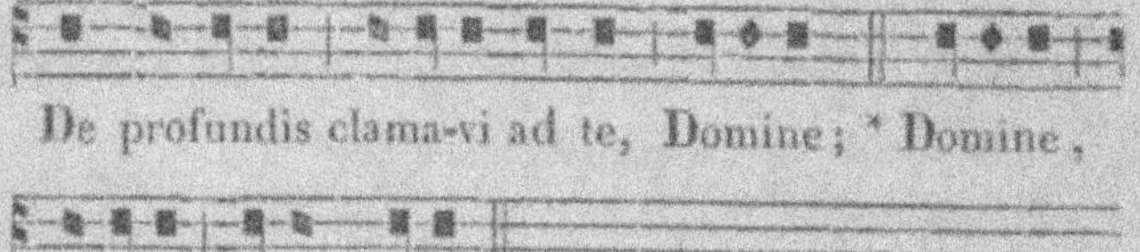

exaudi vocem me-am.

Cette psalmodie ressemble beaucoup à une simple récitation. Elle en diffère pourtant en ce que dans ce chant la voix est toujours soutenue, et ne l'est pas dans une simple lecture.

Cette sorte de chant n'ayant d'autre ornement que

l'accord des voix, il faut, en l'exécutant, faire en sorte de s'entendre tellement que toutes les voix n'en fassent qu'une seule.

Il faut en outre observer fidèlement le repos du milieu des versets.

ARTICLE II. — *De la Psalmodie composée.*

La *psalmodie composée* est celle qui se fait avec diverses inflexions de voix et sur un chant composé de modulations et de parties distinctes. C'est la psalmodie ordinaire.

On peut distinguer dans la psalmodie composée les chants sur lesquels elle est exécutée et les règles que l'on doit observer dans l'exécution de ces chants.

§ 1. — DES CHANTS DE LA PSALMODIE COMPOSÉE.

Le chant des psaumes, comme tous les autres chants, peut être composé indifféremment sur chacun des huit tons réguliers et des six tons irréguliers. Il existe cependant une différence sensible entre les chants ordinaires et ceux des psaumes. Dans le premier cas, tous les chants composés sur un même ton se ressemblent, il est vrai, quant à la dominante et à la finale ; mais du reste ils renferment des tours de phrases si différens, que deux chants composés sur un même ton n'ont presque entre eux aucun rapport de ressemblance. Dans la psalmodie, au contraire, chaque ton n'a qu'une seule espèce de modulations qui forment un chant fixe et invariable. Ces chants servant indistinctement à tous les psaumes, forment ce qu'on appelle vulgairement *les tons* (1).

Nous allons faire connaître ces chants tels qu'ils se trouvent dans le rit parisien. Ceux qui ne suivent pas cette liturgie consulteront leurs vespéraux particuliers.

Formules des chants des Psaumes et des Cantiques évangéliques pour les différens tons.

Le chant des cantiques est le même que celui des psaumes, excepté dans les tons pairs où ils ont une médiation particulière.

Le chiffre qui surmonte la médiation et la terminaison indique le nombre de syllabes qu'elles doivent habituellement renfermer.

La 1re clef, quand il y en a deux, donne le ton naturel et la 2e le ton transposé.

I ton régulier en D.

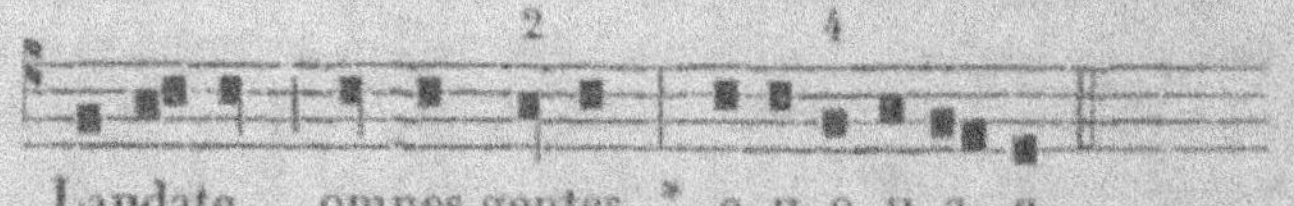

Autres terminaisons du même chant.

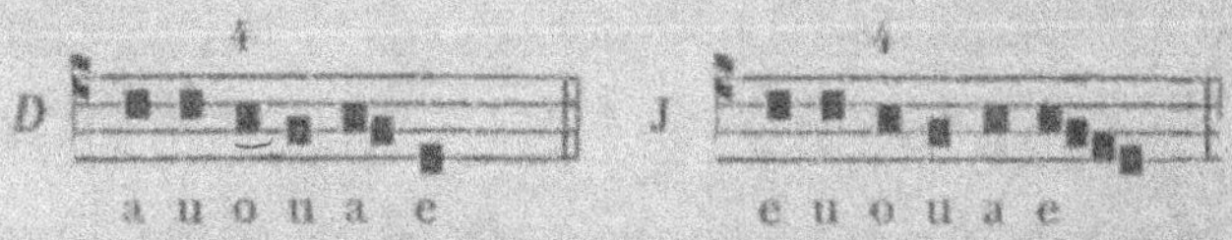

(1) Il est triste de voir la langue musicale si pauvre en expressions. C'est au moins la quatrième signification du mot *ton*. Que n'avons-nous un terme propre pour exprimer chaque idée ?

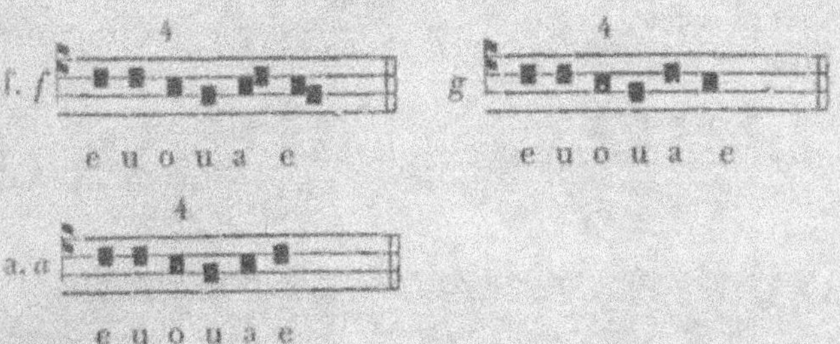

II ton régulier en D.

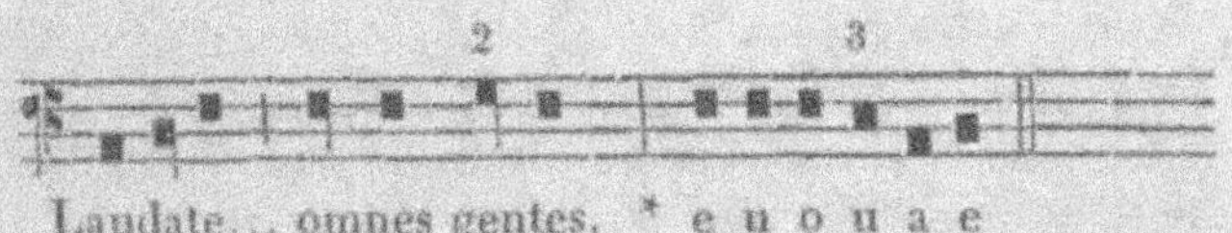

Le même chant pour les Cantiques évangéliques.

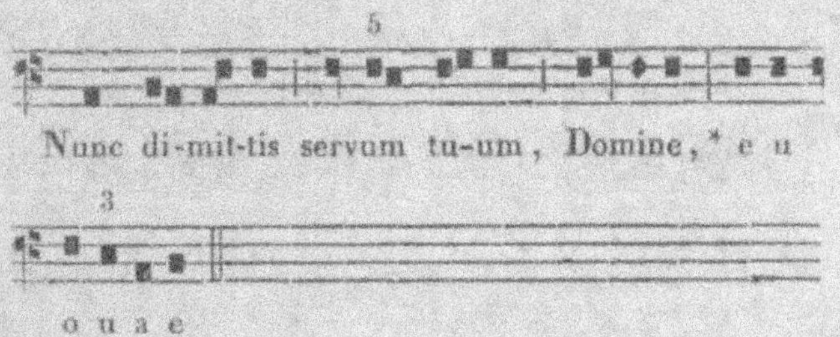

III ton régulier en E.

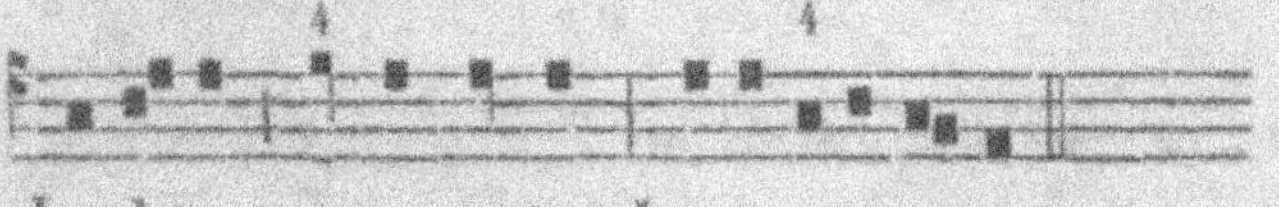

Autres terminaisons du même chant.

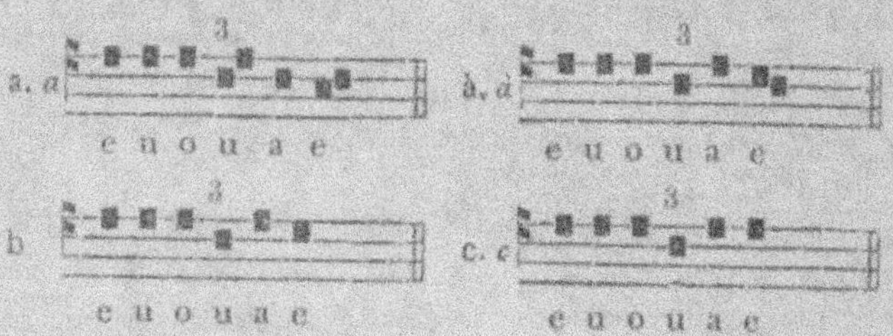

IV ton régulier en E.

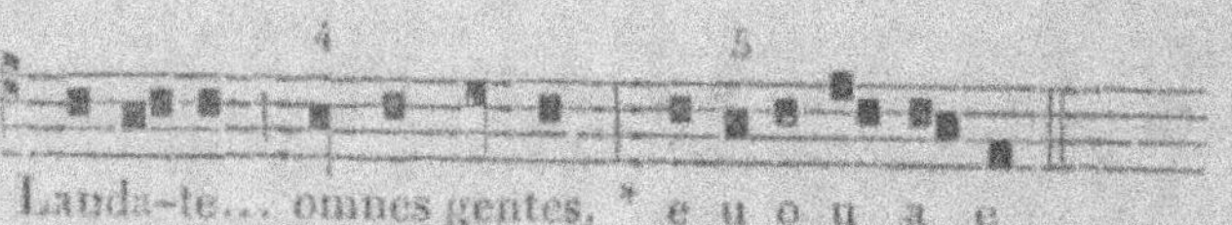

Autres terminaisons du même chant.

Le même chant pour les Cantiques évangéliques.

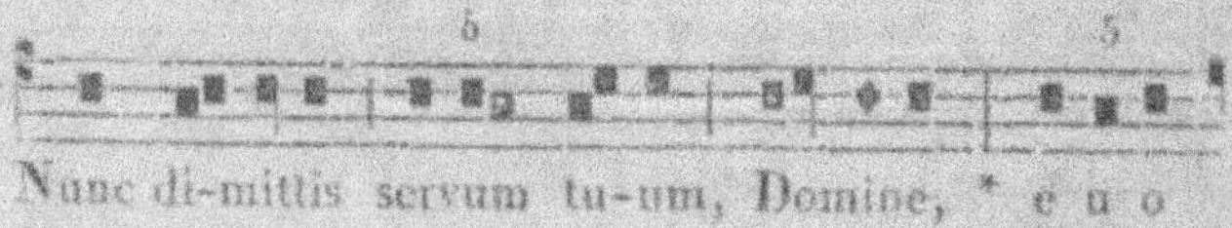

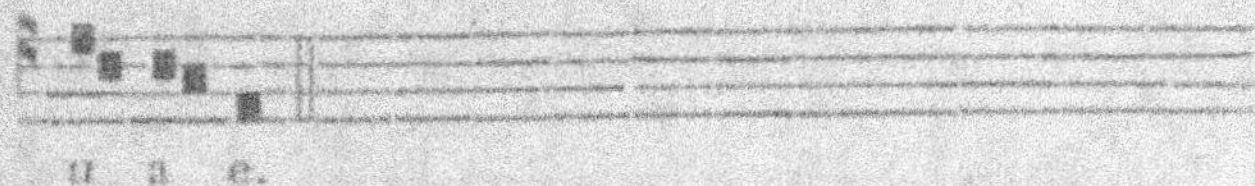

Le même chant transposé.

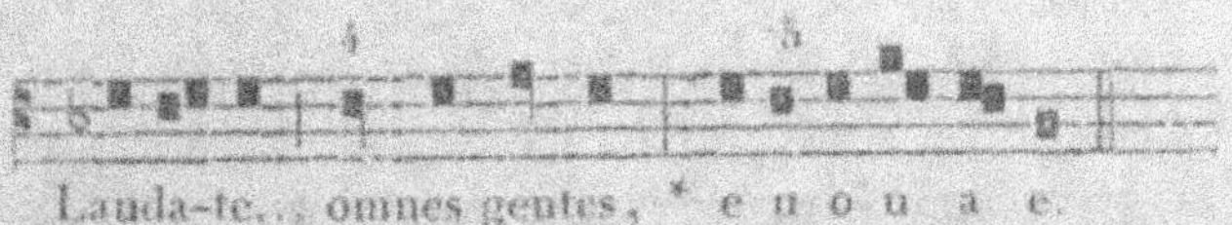

C'est à tort que certains livres regardent ce chant comme particulier, sous le nom de 4ᵉ en A. Il n'est simplement, comme nous l'avons déjà observé, que le 4ᵉ ton régulier transposé.

V ton régulier en F.

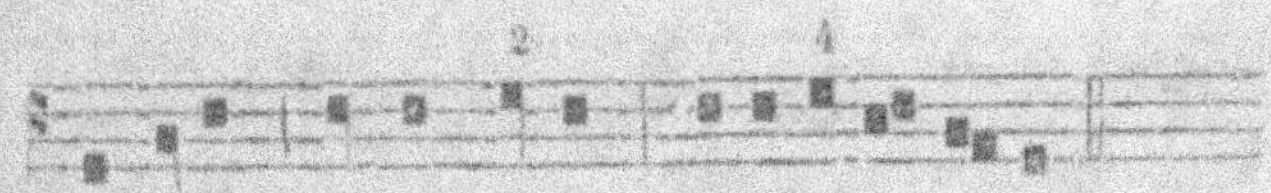

Autre terminaison du même chant.

VI ton régulier en F.

Autre terminaison du même chant.

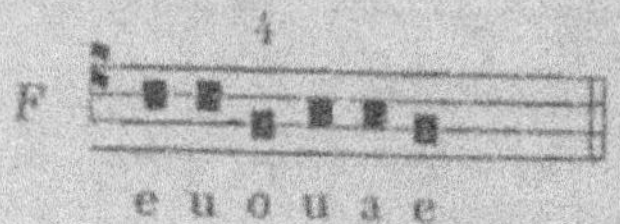

Le même chant pour les Cantiques évangéliques.

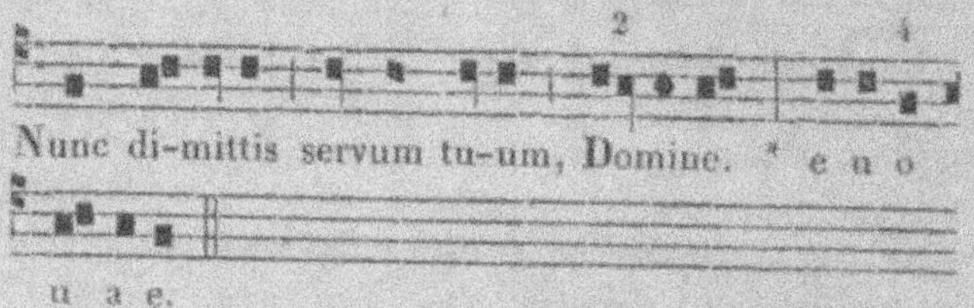

VII ton régulier en G.

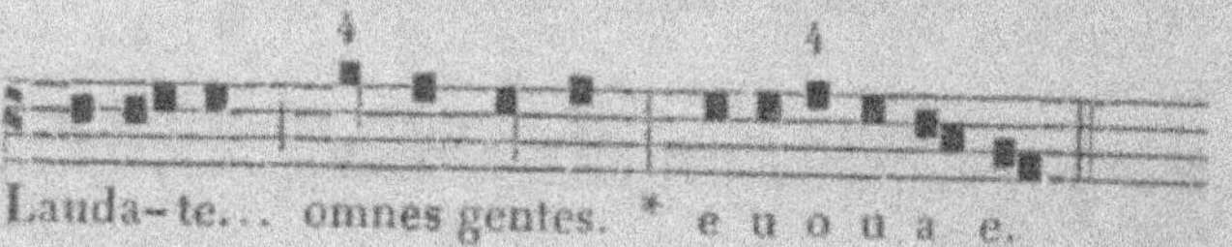

Autres terminaisons du même chant.

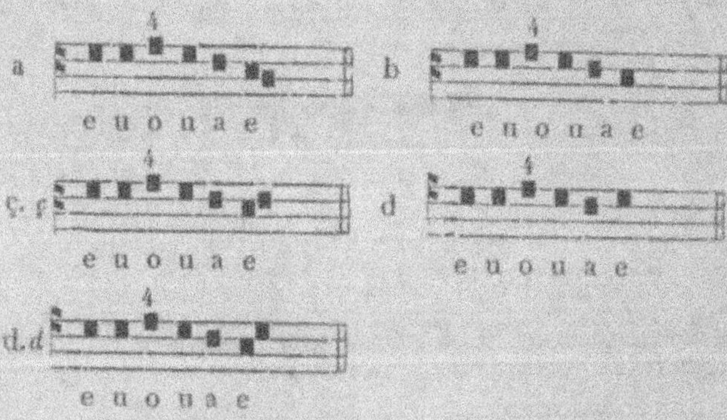

VIII ton régulier en G.

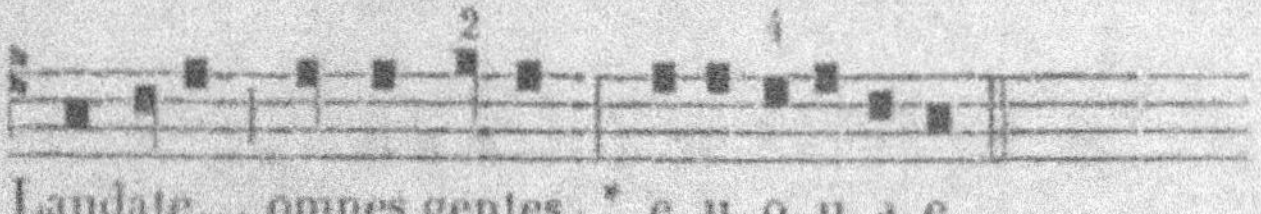

Autres terminaisons du même chant.

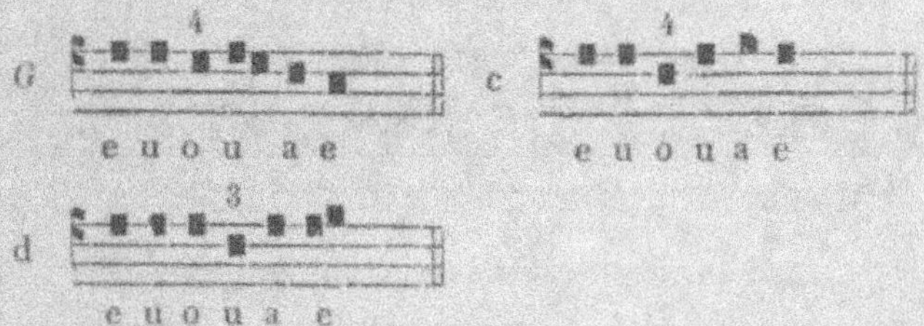

Le même chant pour les Cantiques évangéliques.

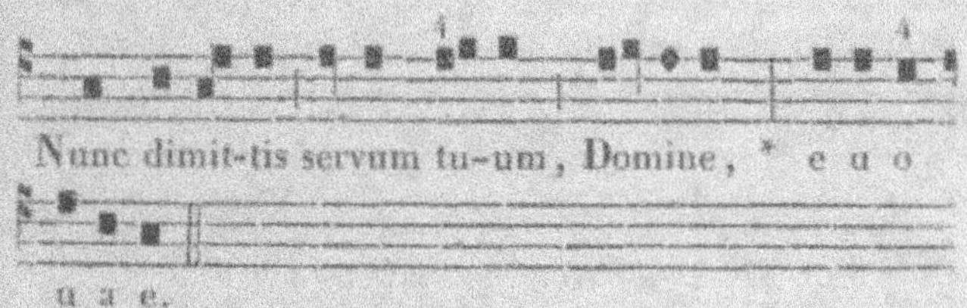

I ton irrégulier en A (ou *IX régulier*).

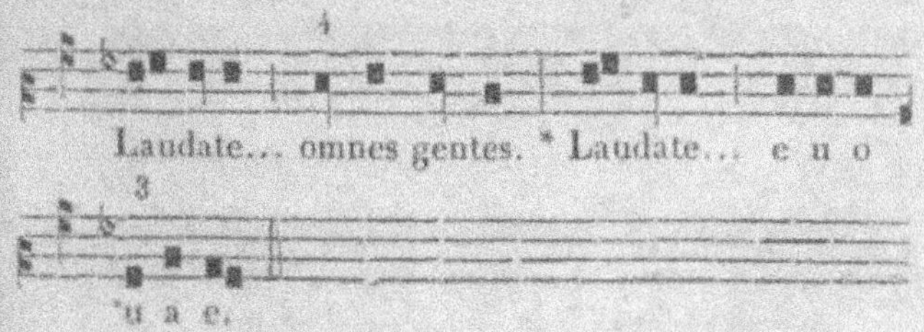

Le même chant pour le 2e verset et suivant.

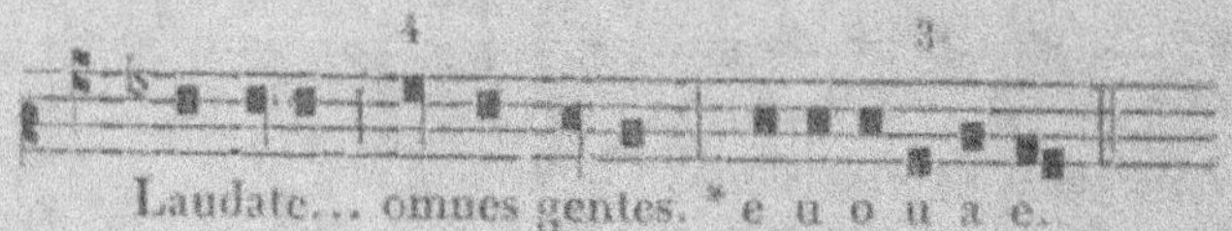

II ton irrégulier en A.

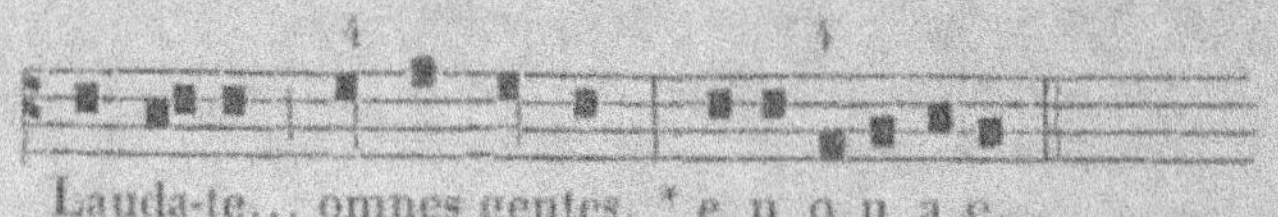

Le même chant pour les Cantiques évangéliques.

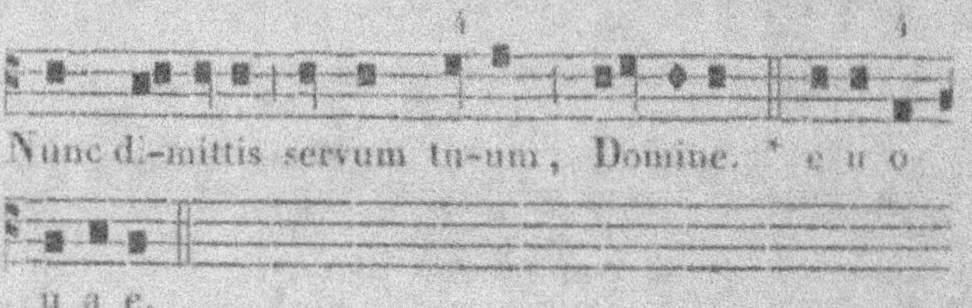

III et IV tons irréguliers en B.

Il existe quelques chants ordinaires composés sur ces tons qu'on a toujours négligés à cause de leur dureté; mais nous ne connaissons aucun chant de psaumes.

V ton irrégulier en C.

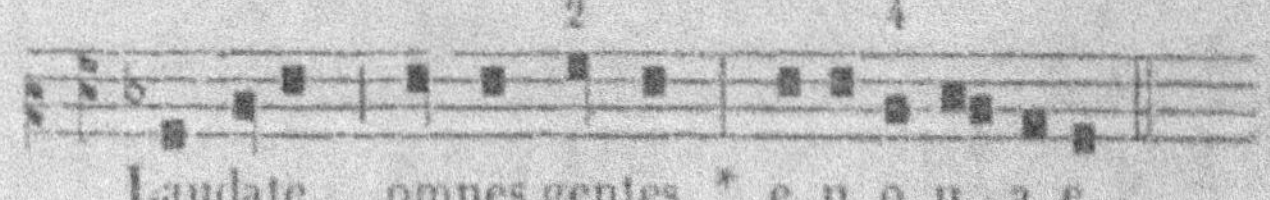

VI ton irrégulier en C.

Le même chant pour les Cantiques évangéliques.

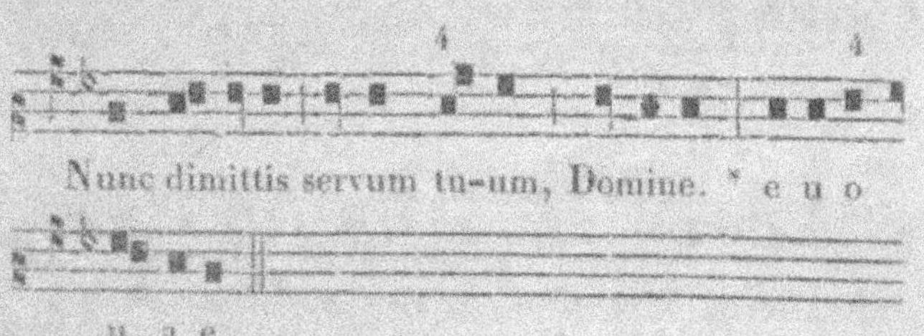

Autre chant sur le même ton, ou VI en C.

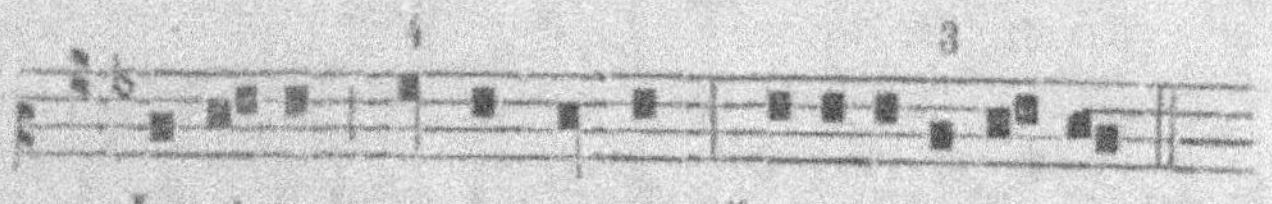

Le même chant pour les Cantiques évangéliques.

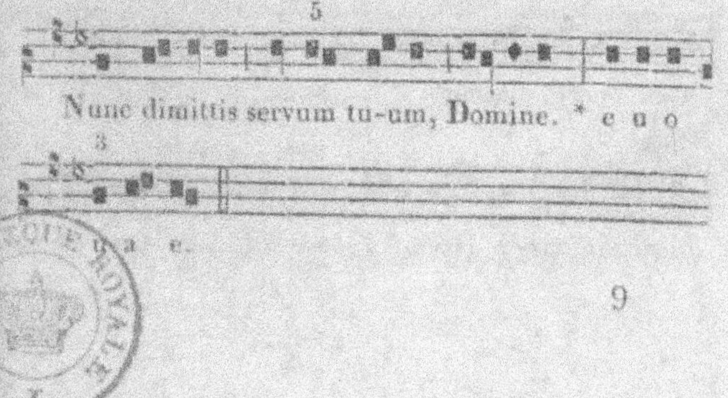

9

Chants usités en certaines églises et qui ne sont pas notés dans les livres de chant parisien.

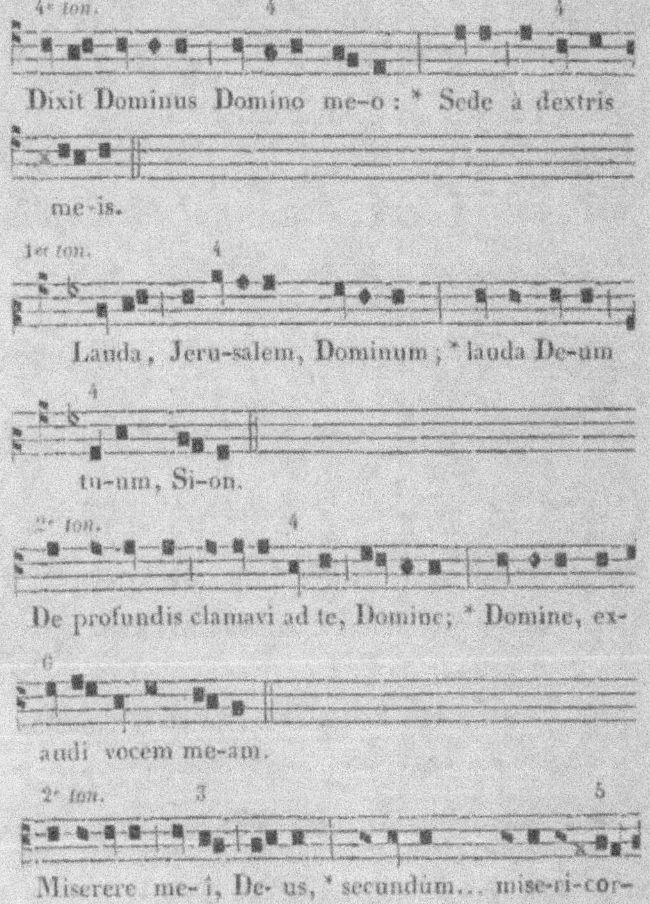

di-am tu-am.
2ᵉ ton.   1
Miserere me-î, De-us, * secundùm magnam miseri-
3
cordi-am tu-am.
2ᵉ ton.
Cùm invocarem exandivit me De-us justi-ti-æ me-æ ; *
3
in tribula-ti-one di-latasti mihi.
5ᵉ ton.   4
Confitebor tibi, Domine, in toto corde me-o, * in
5
conci-li-o justorum et congregati-o-ne.
6ᵉ ton.   4
In convertendo Dominus captivi-tatem Si-on, *

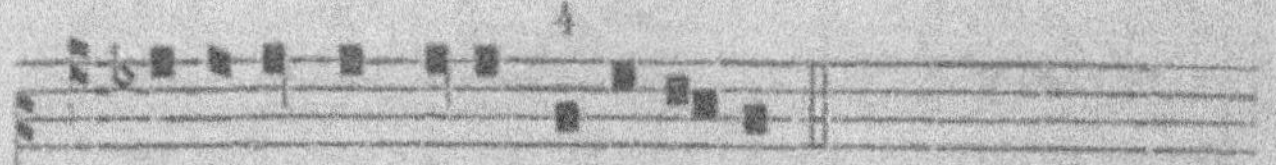

facti sumus sicut consola- ti.

Chacun des chants que nous venons de rapporter se compose de quatre parties qui sont : l'intonation, la teneur, la médiation et la terminaison. Nous allons donner sur chacune de ces parties des notions nécessaires.

Section I. — *De l'Intonation.*

L'*intonation*, dans la psalmodie, est cette partie qui forme le commencement du chant d'un psaume.

Elle se divise en deux espèces, la solennelle et la simple.

L'*intonation solennelle* est celle qui conduit à la teneur par une modulation particulière.

L'*intonation simple* est celle qui ne renferme aucune modulation particulière, et qui commence directement par la teneur.

L'intonation solennelle se subdivise elle-même en deux sortes, savoir : l'*intonation liée* et l'*intonation non liée*.

On appelle *liée* celle qui a sa seconde note unie avec la troisième.

On appelle *non liée* celle qui a sa seconde note détachée de la troisième.

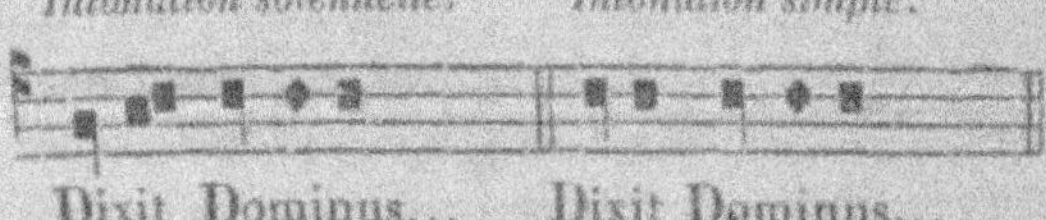

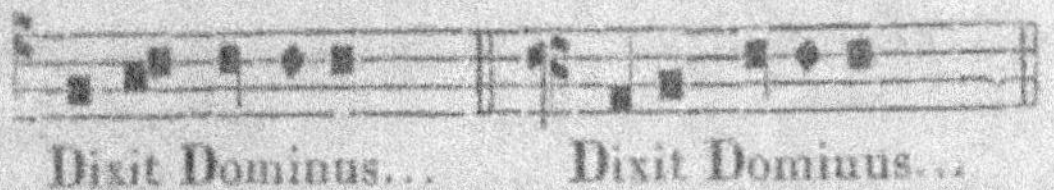

Section II. — *De la Teneur.*

La *teneur* est cette partie du chant qui règne depuis l'intonation jusqu'à la médiation, et depuis la médiation jusqu'à la terminaison.

Section III. — *De la Médiation.*

La *médiation* est une modulation particulière qui termine la première partie des versets d'un psaume, et qui prépare à la pause qui se fait au milieu de ces versets. Cette pause est marquée dans les livres par une petite étoile appelée *astérisque.*

La médiation se divise en deux espèces qui sont la simple et la composée.

Elle est *simple* quand elle est continuée sur la même note que la teneur, et qu'elle se fait ce qu'on appelle *recto tono.*

Elle est *composée* quand elle renferme une ou plusieurs notes différentes de la teneur.

La médiation composée se subdivise en trois espèces qui sont la composée ordinaire, la composée anticipée, et la composée retardée.

La *médiation composée ordinaire* est celle qui se fait telle qu'elle est donnée dans les différens chants des psaumes.

La *médiation anticipée* est celle qui, en vertu d'une

règle particulière, commence une ou plusieurs syllabes plus tôt qu'elle ne devrait commencer.

La *médiation retardée* est celle qui, en vertu d'une règle particulière, commence une ou plusieurs syllabes plus tard qu'elle ne devrait nécessairement le faire.

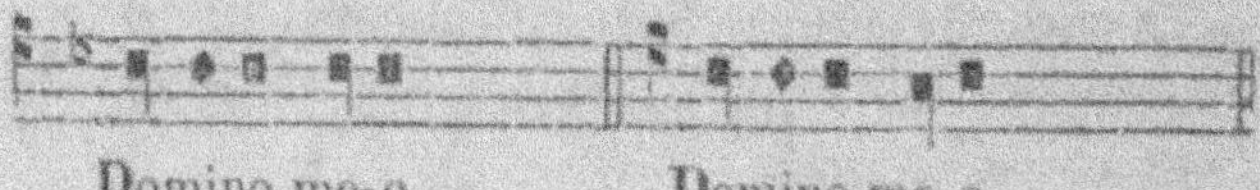

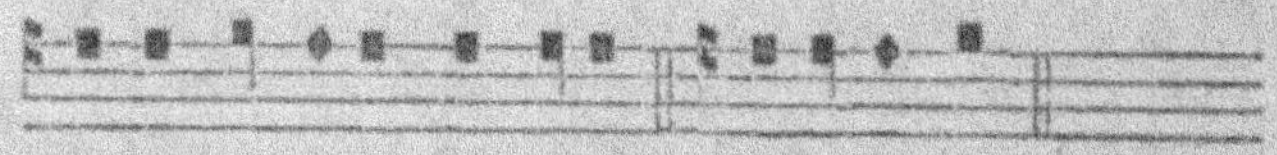

SECTION IV. — *De la Terminaison.*

La *terminaison* est une modulation particulière par laquelle on finit le chant de chaque verset d'un psaume.

Nous avons vu dans la première partie que chaque ton est distingué par une dominante et une finale particulières. Ces finales des chants en général sont aussi celles des chants des psaumes. Cependant il existe une exception pour ces derniers. Outre la terminaison qui se fait sur la finale naturelle du ton, ils en ont plusieurs autres qui se font soit au-dessous soit au-dessus de cette finale. De là diverses espèces de terminaisons qu'on appelle complètes, incomplètes, plus que complètes.

Les *terminaisons complètes* sont celles qui aboutissent à la finale naturelle du ton.

Les *incomplètes* sont celles qui ne descendent pas jusqu'à cette finale.

Les *plus que complètes* sont celles qui descendent au-dessous de la finale.

1ᵉʳ *ton. Terminaison complète.*   *Term. incomplète.*

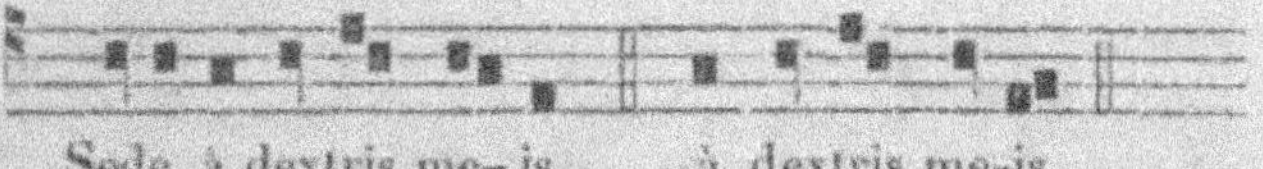

...Sede à dextris me–is.   ...à dextris me-is.

Term. plus que complète.

...à dextris me-is.

Ces diverses terminaisons, comme nous avons eu occasion de le remarquer au commencement de cette méthode, se désignent, dans le chant parisien, par les sept premières lettres de l'alphabet, qui représentent les sept notes *la, si, ut, ré, mi, fa, sol* (1).

Les terminaisons complètes ou naturelles sont marquées par des majuscules.

Les terminaisons incomplètes ou plus que complètes sont indiquées par des minuscules.

Quand un chant a deux terminaisons sur une même

(1) Il paraîtrait au premier abord qu'il y a contradiction avec ce que nous venons de dire pour le premier ton qui a une terminaison en *ré*, marquée par la lettre J au lieu de D; mais il faut remarquer que cette lettre J ne représente aucune note; c'est seulement un I allongé qui désigne la traînée de notes propres à cette terminaison. C'est pourquoi on l'appelle souvent *primus caudatus, premier ton à queue.*

finale, on établit une distinction en représentant l'une par une lettre en caractère romain, et l'autre par une lettre en caractère italique.

Dans le chant romain on désigne les terminaisons par des chiffres.

On rencontre toujours dans les terminaisons les cinq lettres *c u o u a e*. Ces lettres signifient *seculorum amen*, dont elle sont l'abrégé, et servent à indiquer le nombre des syllabes qui doivent entrer dans la terminaison.

Nous pourrions dire ici après quelles antiennes il faut donner au chant d'un psaume telle ou telle terminaison. Mais cette connoissance regarde ceux qui se chargent de la rédaction des livres de chant, et nous ne voulons former que les chantres. Il suffit pour ces derniers, d'exécuter les terminaisons telles que les livres les indiquent, avant ou après les antiennes.

§ II. — DES RÈGLES DE LA PSALMODIE COMPOSÉE.

La partie où nous avons traité de la quantité de la psalmodie, nous a présenté de grandes difficultés. Nous avions, d'un côté, les livres de chant avec les méthodes anciennes ; de l'autre, le bon goût avec plusieurs méthodes nouvelles et la pratique d'un très-grand nombre d'églises ; et nous avons cru devoir nous déclarer pour ce dernier parti.

Le traité des règles de la psalmodie ne nous embarrasse pas moins, car ici aussi on est en désaccord sur plusieurs points. Toutefois, forcé, malgré nous, à froisser les usages de quelques églises et les opinions de certains chantres, nous ne balancerons pas à préférer à des innovations purement arbitraires, opposées même aux livres de chant, les règles que nous suggère le bon goût et que nous présentent les bonnes méthodes tant anciennes que modernes.

SECTION I. — *Règles générales.*

Dans les modulations qui composent l'intonation, la médiation et la terminaison du chant des psaumes, il y a des notes sur lesquelles la voix doit nécessairement s'appesantir; on les appelle *longues notes* ou *bonnes notes*. Il y en a d'autres sur lesquelles la voix peut à volonté s'appuyer ou passer légèrement; elle s'appellent *notes douteuses.*

Mais quelles notes doivent être réputées longues ou douteuses? On ne peut le déterminer d'une manière générale, et c'est surtout à l'oreille à le sentir. Cependant on peut regarder assez généralement comme bonnes, 1° les notes des médiations et terminaisons composées de deux syllabes; 2° les deux dernières notes des médiations et terminaisons composées de trois syllabes et plus : il n'y a exception que pour certaines médiations *retardées* comme celles du 2° en A, du 6° en C et du 7°; 3° les notes qui commencent une élévation au-dessus de la dominante. Il n'y a exception que pour la médiation du 2° en A, parce que l'élévation s'y fait par une suite de plusieurs notes.

Les notes qui commencent un abaissement au-dessous de la dominante et qui ne sont pas ci-dessus désignées comme bonnes, sont généralement douteuses. Il n'y a exception que pour la terminaison du 2ᵉ ton dont la première note est bonne.

Ceci posé, nous établissons la règle suivante :

1ʳᵉ *Règle.* — Toute *bonne note* ne peut être remplie que par une syllabe longue, et les brèves qui s'adjoignent à cette syllabe sont regardées comme nulles. — Toute note douteuse peut être remplie par toute espèce de syllabes, soit brèves, soit coulées, soit communes, soit longues.

Exemple. — Intonation.

BONNES NOTES.

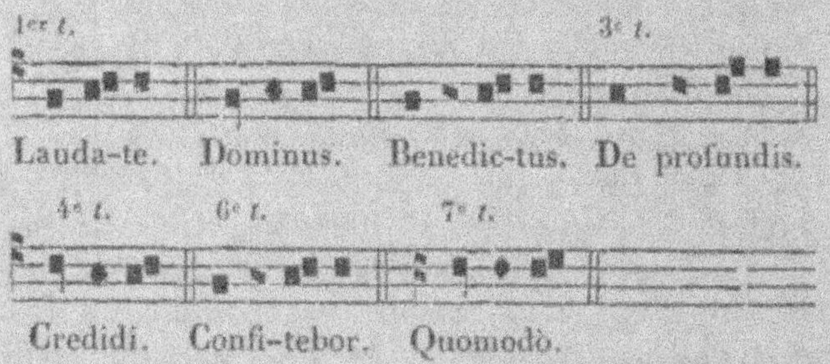

NOTES DOUTEUSES.

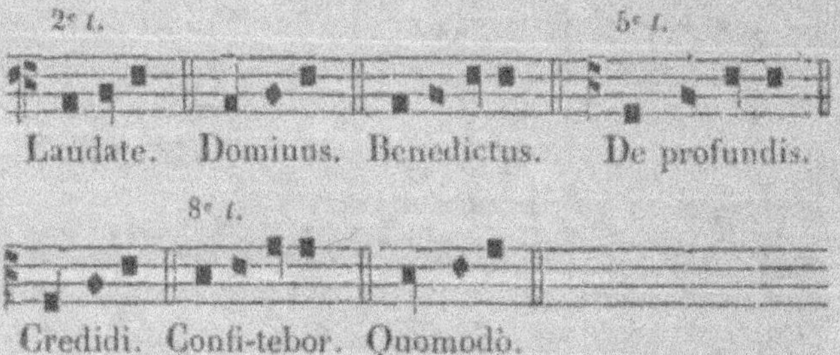

Exemple. — Médiation.

BONNES NOTES.

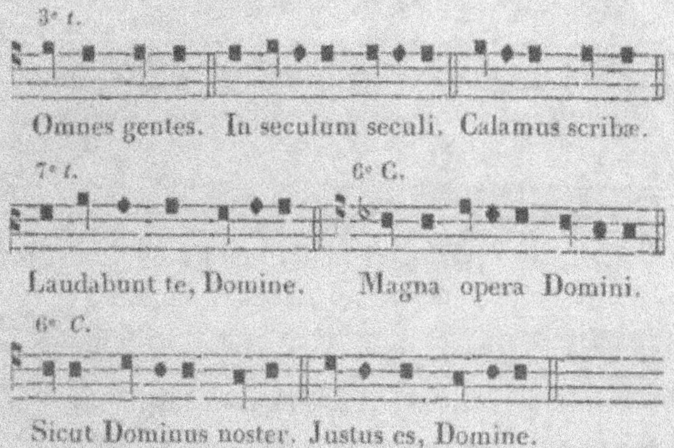

NOTES DOUTEUSES.

Exemple. — Terminaison.

BONNES NOTES.

2e t.

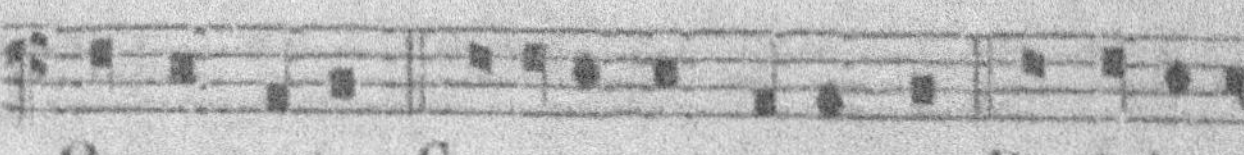

5e t.

7e t.

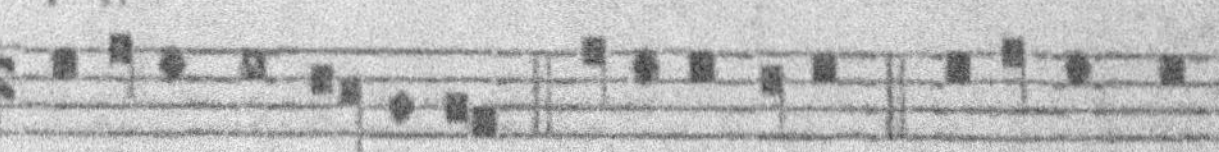

NOTES DOUTEUSES.

1er t.

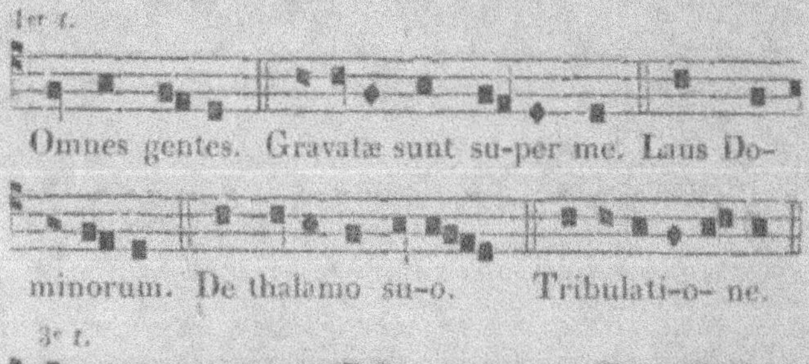

3e t.

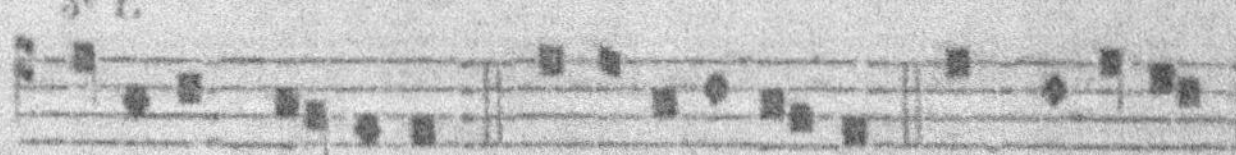

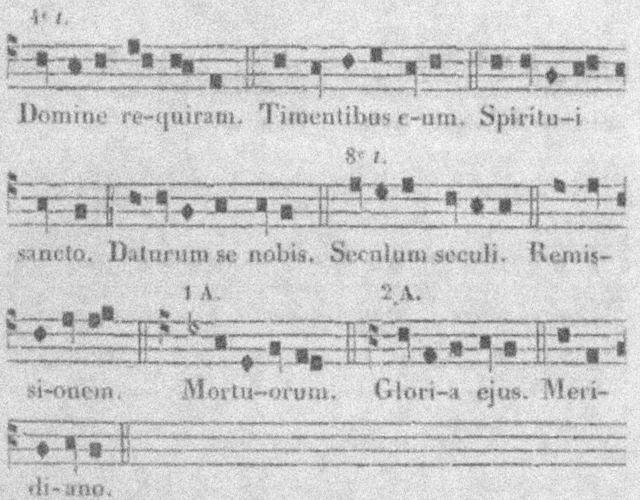

Nous savons que dans un grand nombre d'églises de
notre diocèse, on ne tient aucun compte de cette règle
en ce qui concerne les notes douteuses des médiations
et terminaisons, et que les brèves sont regardées comme
nulles sur quelques notes qu'elles tombent, que l'on
chante par exemple :

Terminaison.

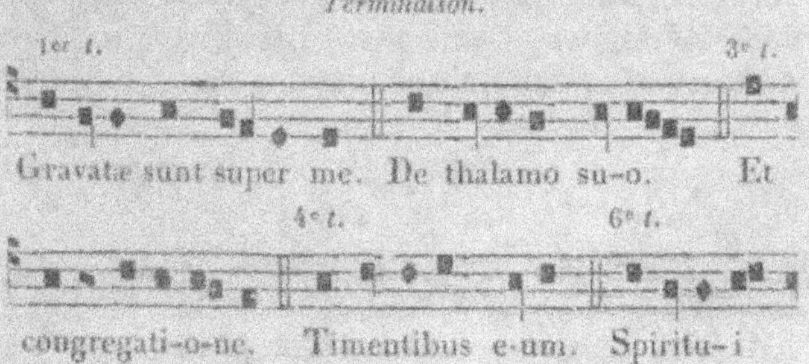

Médiation.

Mais nous sommes convaincu que cette pratique, que
la force d'une longue habitude fait peut-être regarder
comme agréable, est contraire à toutes les méthodes et
aux usages de tous les diocèses, qu'elle rend la psalmodie lourde, pesante, embarrassée, qu'elle est par
conséquent contraire au bon goût.

2e *Règle.* — Dans toute médiation ou terminaison
composée d'au moins quatre bonnes notes, il ne faut
jamais commencer une élévation sur la fin d'un mot.
Dans ce cas on doit anticiper d'une syllabe, et même
de deux, si la pénultième est brève.

Exemple. — Médiation

Exemple. — Terminaison.

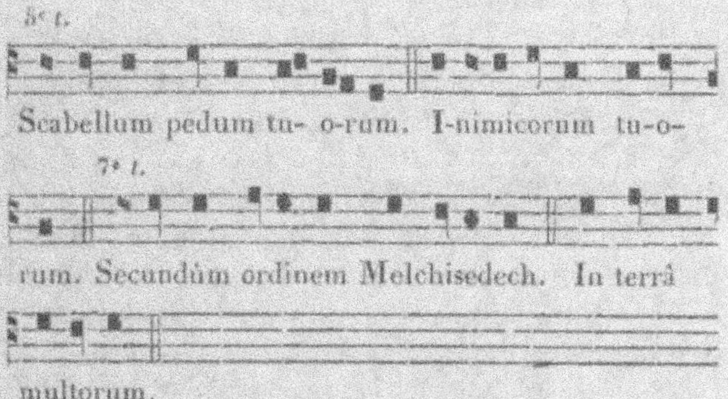

Cette règle est donnée par toutes les méthodes et suivie dans toutes les églises. Elle est inspirée par le bon goût et fondée sur les lois même de la déclamation. L'on ne pourrait s'en écarter sans violenter la bonne prononciation et sans donner au chant quelque chose de dur et de forcé.

1re *Exception*. — Cette règle générale ne s'applique pas à la médiation du 2e en A, ni aux autres modulations analogues. L'élévation s'y faisant par une suite de plusieurs notes, il n'est ni dur ni désagréable de la commencer sur la fin d'un mot.

Exemple.

Cette exception qui repose sur la nature même du chant est donnée par plusieurs méthodes nouvelles.

2e *Exception*. — Cette règle n'a pas non plus d'application dans le cas où l'élévation doit se faire sur la fin d'un mot hébreu indéclinable ou sur un monosyllabe, fût-il même uni au mot précédent par le sens de la phrase. On ne doit pas alors anticiper la médiation ou la terminaison, mais il faut la commencer sur la fin même de ce mot ou sur le monosyllabe.

Exemple. — Médiation.

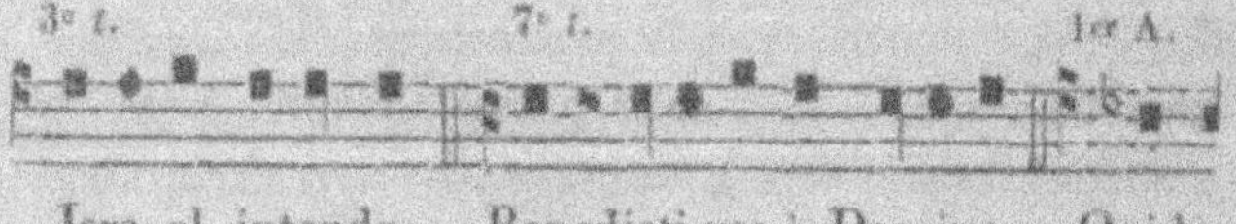

Exemple. — Terminaison.

On trouve cette exception dans plusieurs anciens livres de chant ; mais elle est omise dans les méthodes nouvelles. Nous croyons qu'on doit la conserver, parce qu'elle est légitimée par la bonne déclamation qui ne se trouve nullement violentée par cette pratique. Elle est d'ailleurs conforme à l'esprit qui a présidé à la rédaction de nos livres de chant. Dans les épîtres et évangiles, l'élévation, lorsqu'il y a lieu, est toujours indiquée sur la fin des mots hébreux indéclinables et des monosyllabes, quoique cela n'ait jamais lieu pour les mots ordinaires. Or, il est clair que les raisons étant les mêmes pour la psalmodie, on doit y suivre la même pratique.

Section II. — Intonation.

1re *Règle.* — Les 2e, 5e et 8e tons ont une intonation non liée ; les cinq autres tons ont une intonation liée. Ce qu'expriment fort bien les deux vers suivans :

Non ligat octavus, seu quintus, sive secundus.
Verùm aliis in quinque notas unire memento.

2e *Règle.* — L'intonation doit être solennelle au premier verset de tout psaume, soit même pour la férie ou l'office des morts.

Les autres versets se commencent toujours directement sur la dominante, même dans les cantiques évangéliques.

Quand on touche l'orgue, tous les versets chantés par le chœur se commencent toujours sur l'intonation solennelle du premier verset.

3e *Règle.* — Dans les intonations solennelles des 2e et 8e tons, pour les cantiques évangéliques, on ne doit jamais relever l'intonation sur la fin d'un mot.

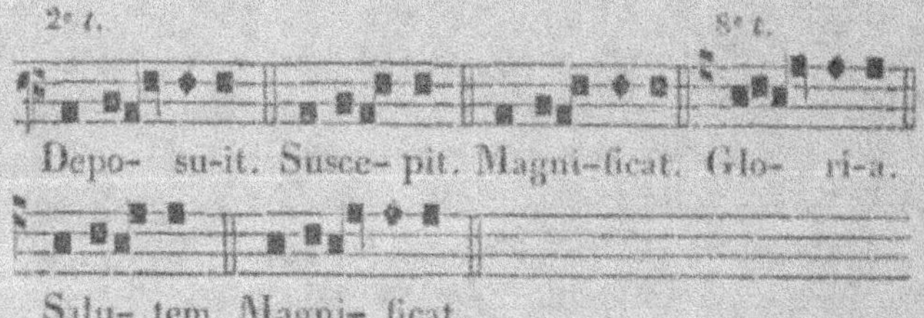

Cette règle repose sur le bon goût. La pratique contraire donnerait au chant quelque chose de dur et de désagréable.

4e Règle. — Il peut arriver que la première partie d'un verset ne suffise pas, à cause de sa brièveté, pour tout le chant de cette même partie. On en est alors au premier verset du psaume ou à un autre :

1° Quand on est au premier verset, on doit faire toute l'intonation et omettre la médiation :

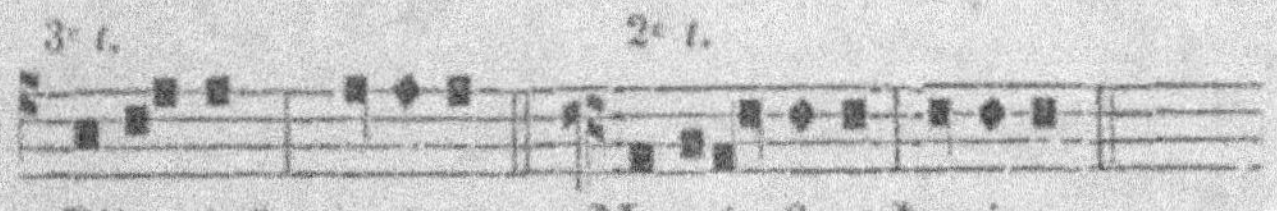

Dans quelques églises, telles que celles de Paris, on a coutume, sous le prétendu prétexte de suppléer la médiation, de transporter au commencement de la deuxième partie du verset quelques notes de cette médiation omise. Ainsi l'on dit :

Nous ne savons sur quoi est fondée cette pratique. Ce qui est sûr, c'est que ce changement n'est aucunement nécessaire.

2° Quand on n'est pas au premier verset, on doit commencer de suite la médiation, en omettant la teneur et l'intonation si elle doit avoir lieu :

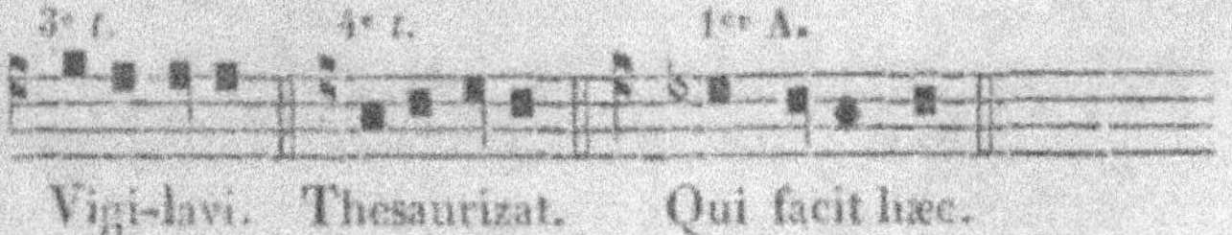

Quod parasti.   Justus es, Domine.

3° Si le nombre des syllabes se trouve même insuffi-
sant pour toute la médiation, on doit omettre le
commencement de cette médiation et faire le reste
plus ou moins long, selon qu'on a plus ou moins de
syllabes :

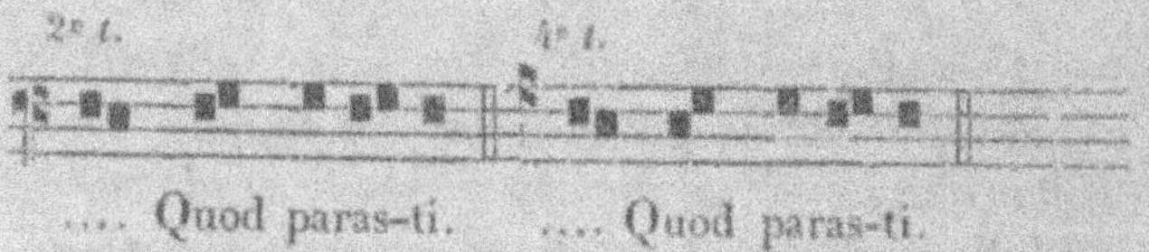

.... Quod paras-ti.   .... Quod paras-ti.

Section III. — Teneur.

Les règles qui concernent l'exécution de cette partie
sont celles de la psalmodie simple.

Section IV. — Médiation.

Règle. — Quand une médiation finit par un monosyllabe ou un nom hébreu, grec ou barbare, non dé-
cliné, on la retarde en faisant subir à chaque ton un
changement propre.

Exemple.

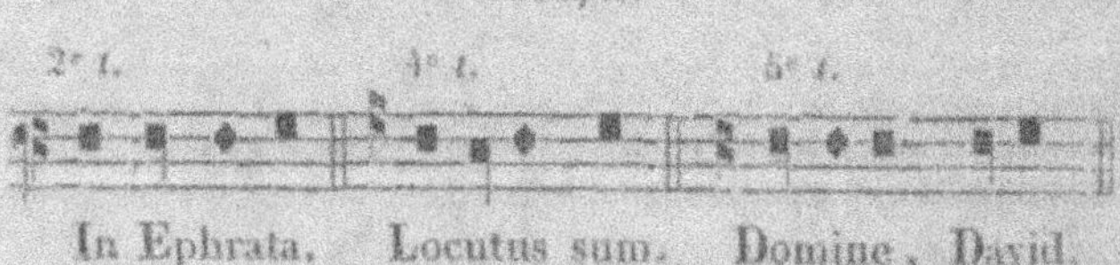

In Ephrata.   Locutus sum.   Domine, David.

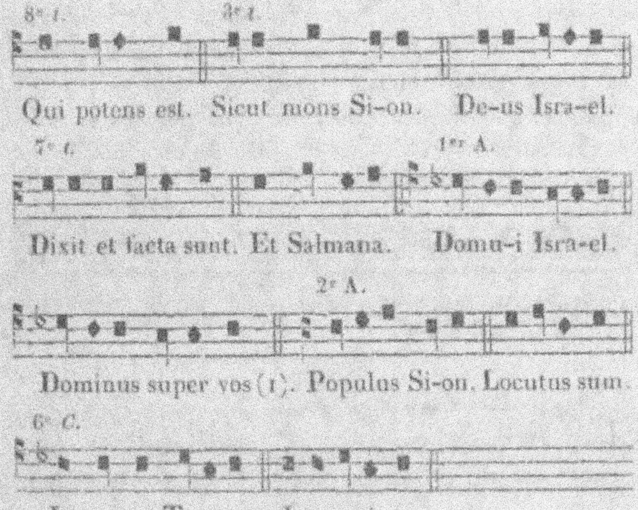

Cette règle est de pure convention ; car ces changemens ne sont nullement exigés ni par la nature du
chant ni par la bonne déclamation. Cependant elle est
suivie dans toutes les églises, au moins pour les 2e, 4e,
5e et 8e tons. Elle est omise dans quelques méthodes
et livres nouveaux ; mais tous les livres anciens, surtout
ceux à l'usage de Paris, la donnent dans toute son
étendue. Elle introduit d'ailleurs de la variété dans la
psalmodie.

(1) Au lieu de cette médiation, les méthodes et les livres anciens en donnent une autre qui se fait sur les trois notes *si, sol,
fa*. Mais cette médiation étant la même que celle du 6e en *C*, on
lui a substitué celle que nous donnons. Cette dernière est
maintenant presque la seule suivie dans la pratique.

Comme on le voit, les médiations des 1ᵉʳ et 6ᵉ tons et celle du 6ᵉ en C n'éprouvent aucun changement pour les noms indéclinables.

La médiation des cantiques évangéliques ne subit également aucun changement dans les tons où elle diffère de celle des psaumes.

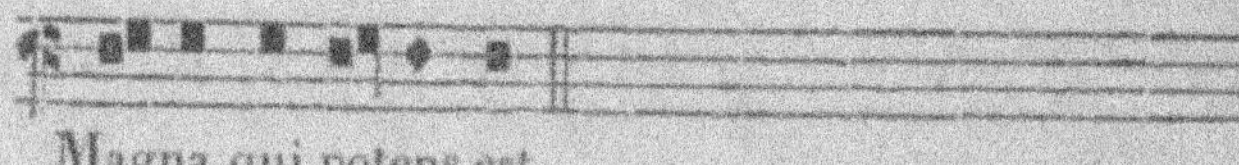

Magna qui potens est.

SECTION V. — *Terminaison.*

Règle. — 1° Lorsque toute la seconde partie d'un verset est nécessaire pour la terminaison, on commence de suite cette terminaison, et on omet la teneur :

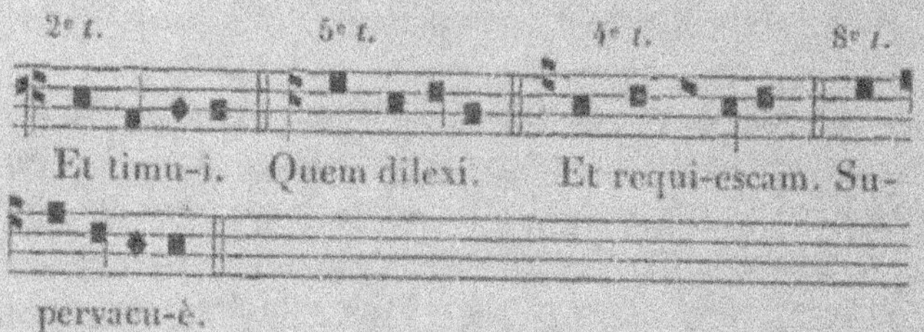

2° Si cette partie du verset se trouve même insuffisante pour toute la terminaison, on omet le commencement de cette terminaison, et on fait le reste plus ou moins long, selon que l'on a plus ou moins de syllabes :

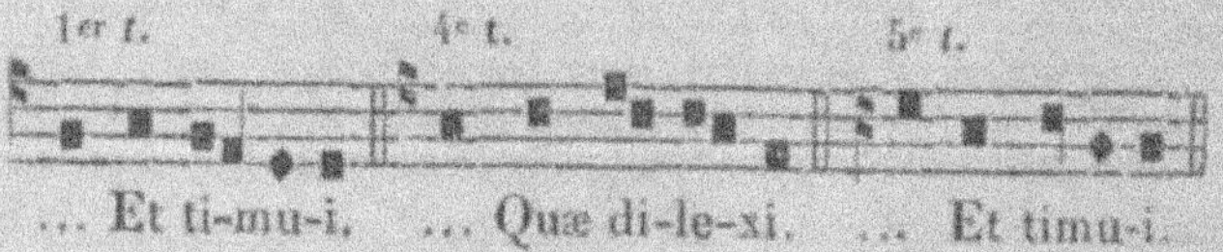

Observation. — Dans les trois jours avant Pâque, on est dans l'habitude, en grand nombre d'églises, d'omettre, au dernier verset, la terminaison sur laquelle a été chanté tout le psaume et de finir en abaissant les deux dernières syllabes sur la note au-dessous de la dominante. Ainsi on termine le 4e en E :

Appropinquanti sibi.

Nous ne savons comment cet usage s'est introduit. Ce qu'il y a de certain, c'est qu'il n'est rapporté dans aucun livre d'église ni autorisé par aucune méthode. Nous croyons donc qu'il doit être rejeté. Ce chant offre d'ailleurs à l'oreille quelque chose de peu naturel, il est par conséquent désagréable. Il rend aussi très-difficile la reprise de l'antienne qui suit le psaume.

Pour suivre cette pratique, il faudrait au moins avoir soin de terminer toujours sur le ton naturel de la note inférieure à la dominante, et non, comme on le fait, un demi-ton au-dessous de cette dominante, soit que le demi-ton soit ou non naturel.

ARTICLE III. — *De la Psalmodie en faux-bourdon.*

Le *faux-bourdon* est une psalmodie à plusieurs *voix* ou *parties.*

Ces parties sont ordinairement le *dessus* D, la *haute-contre* H.–C, la *taille* T, et la *basse* B.

Chaque église fait ces parties à sa manière; nous n'en rapporterons donc pas le chant.

1° Quand on chante en faux-bourdon, il faut avoir soin de donner la voix bien juste, de s'écouter attentivement l'un l'autre, et d'attaquer chaque note ensemble.

2° On ne doit répéter l'intonation à aucun verset, pas même aux cantiques évangéliques. Il en est de même quand l'orgue joue.

3° Les cantiques évangéliques ne doivent pas avoir de médiation particulière dans le faux-bourdon, ils suivent celles des psaumes.

4° Il ne faut faire aucun changement dans les médiations sur les monosyllabes ou mots indéclinables.

CHAPITRE XV.

CHANT DE L'ORDINAIRE DE L'OFFICE DIVIN.

Nous divisons en deux articles le chant de l'ordinaire de l'office divin. Le premier renfermera le chant de l'ordinaire de la messe ; le deuxième le chant de l'ordinaire des matines, laudes, petites heures, vêpres et complies.

ARTICLE I. — *Chant de l'ordinaire de la Messe.*

L'ordinaire de la messe comprend les bénédictions et les exorcismes, les Oraisons, le *Gloria in excelsis*, le *Credo*, le *Sanctus*, l'*Agnus Dei*, l'épître, l'évangile, les préfaces et le *Pater*, l'*Ite missa est* et la bé-

nédiction du saint Sacrement, le *Gloria Patri* de
l'*Introït*, les *Alleluia* que l'on ajoute dans le temps de
Pâque à l'*Introït*, l'Offertoire et la Communion.

§ 1. — Des Bénédictions et des Exorcismes.

Les *bénédictions* et les *exorcismes* se chantent *recto
tono*, c'est-à-dire à voix directe et sans inflexion. Seulement la dernière syllabe doit tomber à la tierce mineure. Le chœur répond de même, excepté aux noms
hébreux indéclinables.

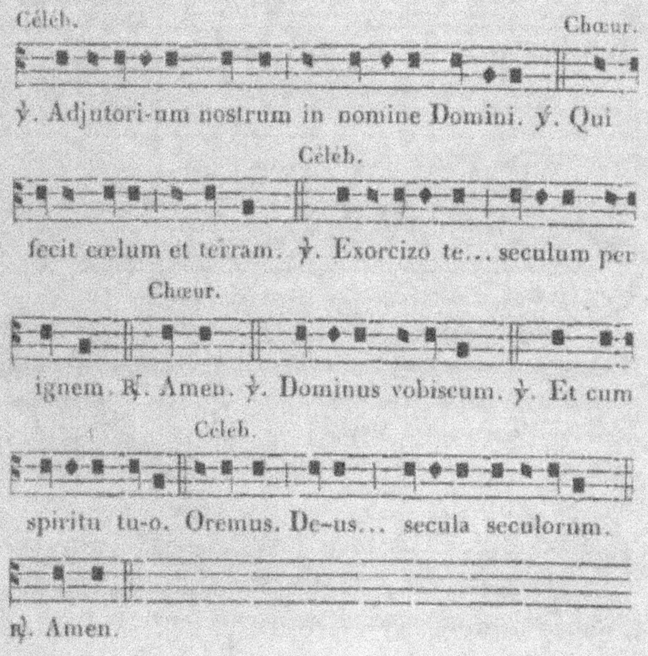

§ II. — Des Oraisons.

Le *Dominus vobiscum* se chante toujours *recto tono*, soit avant les Oraisons, soit lorsque le célébrant se tourne vers le peuple, et le chœur répond aussi *recto tono*. Il en est de même du mot *oremus* et de tout le corps de l'*Oraison*, seulement il se fait une élévation d'une seconde majeure vers la fin de la conclusion. Le chœur répond toujours *recto tono*.

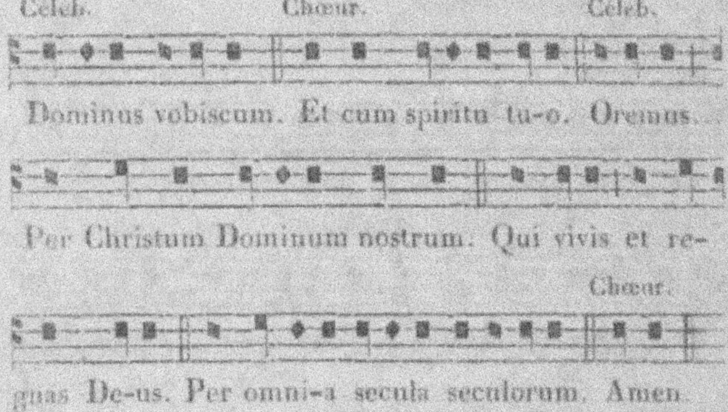

Aux petites heures et à l'office des morts ces chants s'exécutent de la même manière; mais la conclusion se fait en tombant à la tierce mineure sur la dernière syllabe.

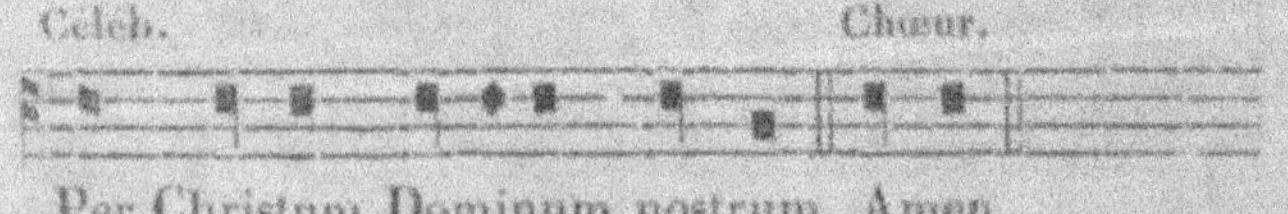

Aux féries des Quatre-Temps on chante ainsi ces mots : *Oremus, flectamus genua.*

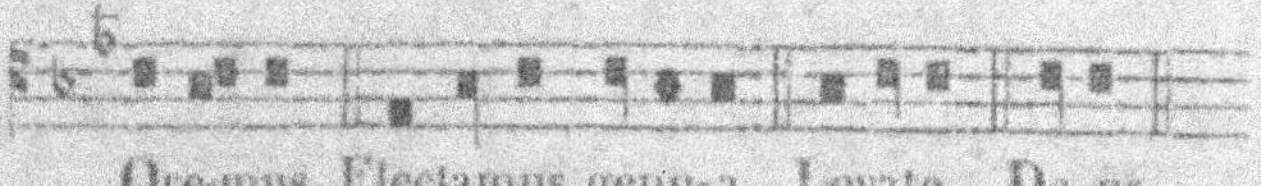

Nota. Quand un prêtre célèbre seul, il doit chanter lui-même le mot *levate,* et non le laisser chanter par le chœur. L'usage contraire est opposé à la rubrique.

Les *monitions* du Vendredi-saint doivent se chanter *recto tono,* comme les oraisons. En quelques églises elles se chantent ainsi :

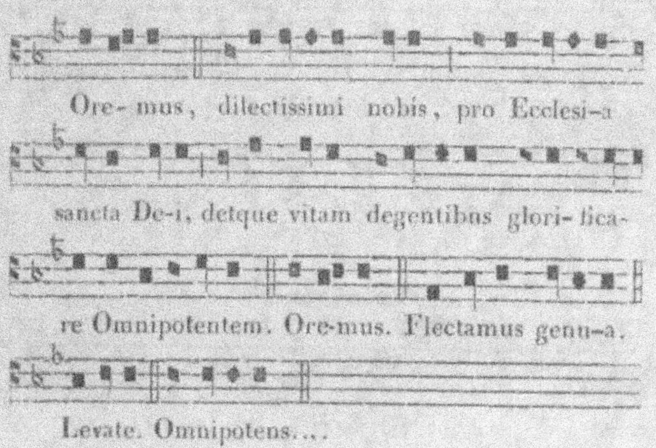

Levate. Omnipotens....

§ III. — Du Gloria in excelsis et du Credo.

Ces chants doivent toujours être ceux qui sont indiqués dans le rit de la fête que l'on célèbre. Le célébrant

doit les entonner de manière que le chœur puisse suivre
sur le même ton.

Annuel-majeur et mineur. — Dumont.

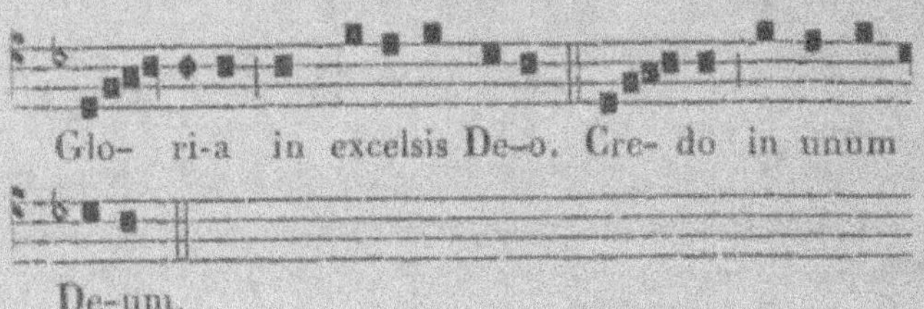

Solennel-majeur.

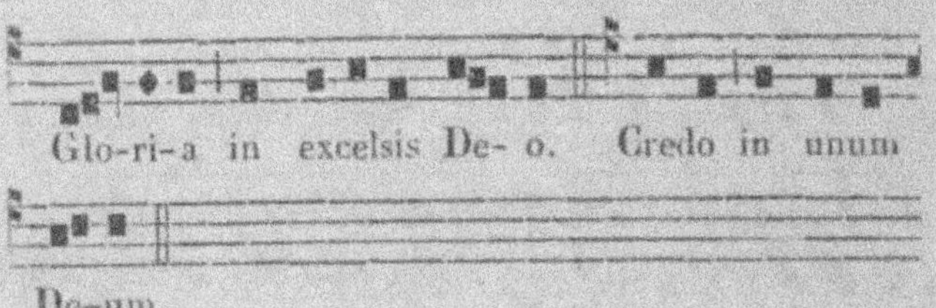

Ce chant du *Credo* sert pour tous les rits inférieurs.

Solennel-mineur.

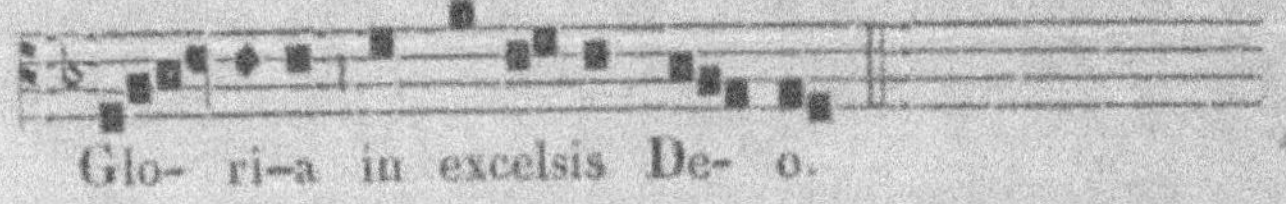

Double-majeur.

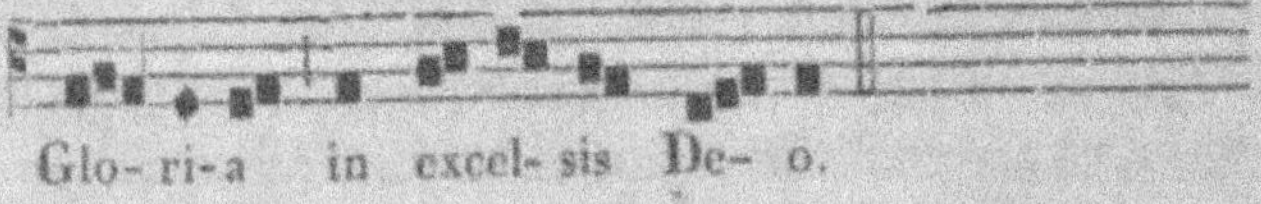

Double-mineur.

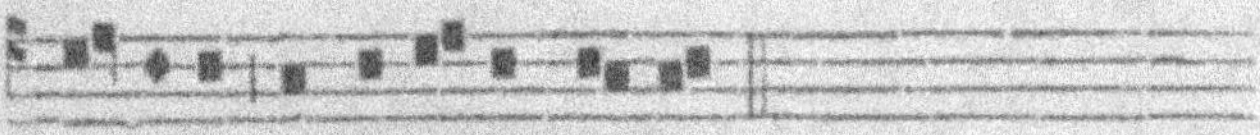

Semi-double.

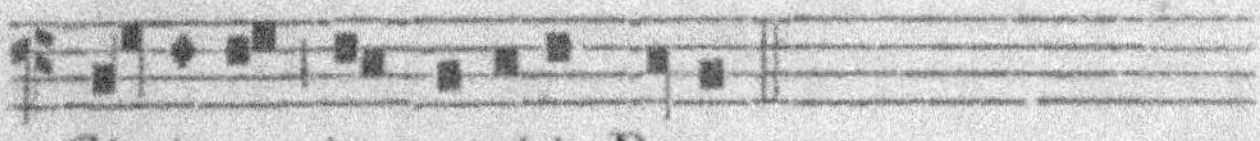

Simple et férie.

Veille de Pâque et de Pentecôte.

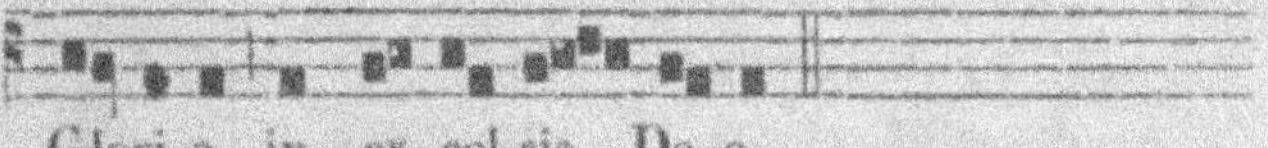

En quelques églises on chante les *Credo* suivans :

Solennel-majeur.

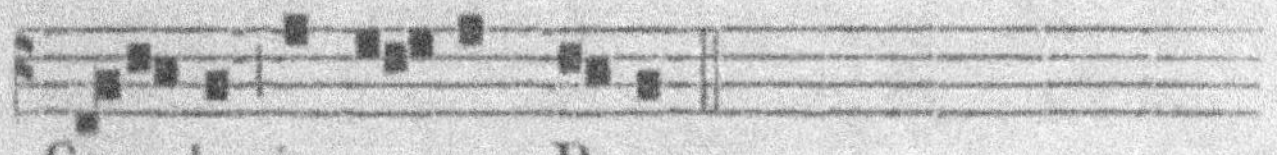

Solennel-mineur.

Ces chants communs, pour tous les rites, ainsi que

celui du *Sanctus* et de l'*Agnus Dei*, se trouvent notés au graduel.

§ IV. — DE L'ÉPÎTRE.

1° Le corps de l'*épître* se chante *recto tono*. 2° Toute syllabe surmontée de ce signe ˮ doit descendre à la tierce mineure. 3° Toute syllabe surmontée de cet autre signe ˮ doit monter à la tierce aussi mineure. 4° Au point d'interrogation et d'admiration, on ne fait aucune inflexion de voix, mais on prolonge, par une note double, la pénultième syllabe, ou l'antépénultième, si la pénultième est brève. 5° La syllabe surmontée d'un astérisque * doit former le commencement de la conclusion de l'épître, et passer par les notes *sol*, *la*, *ut*.

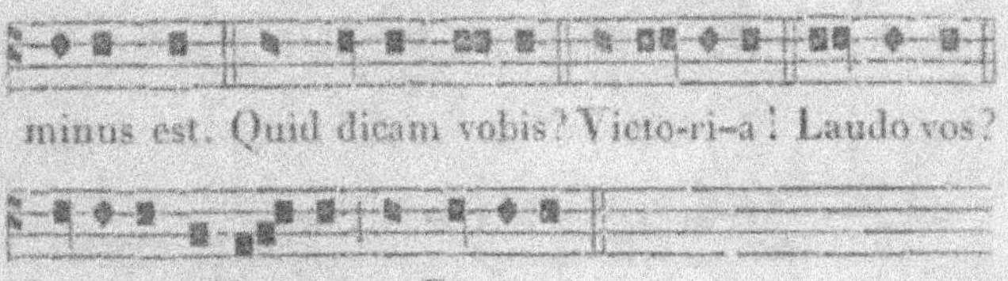

§ V. — De l'Évangile.

Le chant de l'*évangile* s'exécute comme celui de l'épître : seulement, au lieu du signe ˄, on y rencontre le signe ˝, qui indique que la syllabe qui en est surmontée doit être faite sur une diaptose.

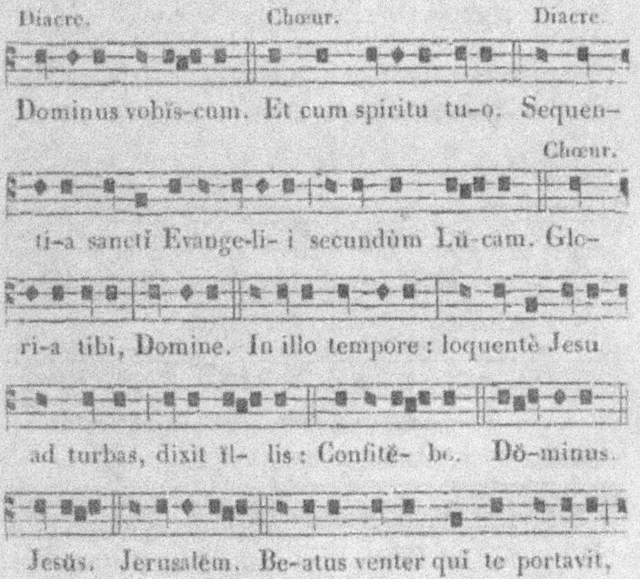

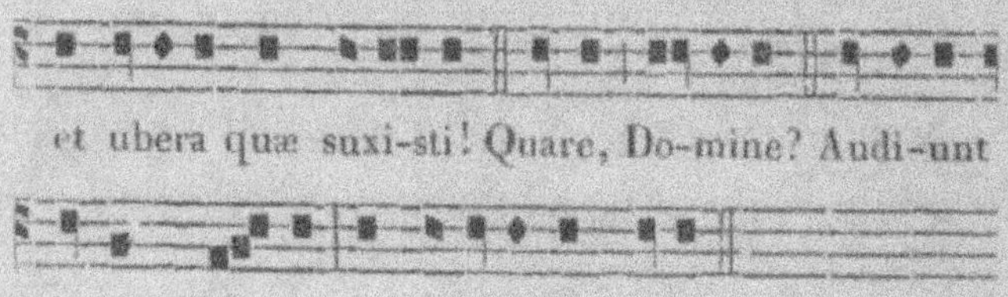

et ubera quæ suxi-sti! Quare, Do-mine? Audi-unt

verbûm Dê- i, et custodi-unt illud.

Certains évangiles, tels que la *généalogie* de Notre-Seigneur, après les matines de Noël et de l'Epiphanie, et les *passions* de la semaine-sainte, se chantent d'une autre manière. Pour bien exécuter ces chants, il faut les avoir entièrement notés.

§ VI. — DE LA PRÉFACE ET DU PATER.

Voici la manière dont le commencement de la *Préface* doit être chanté par le célébrant et le chœur.

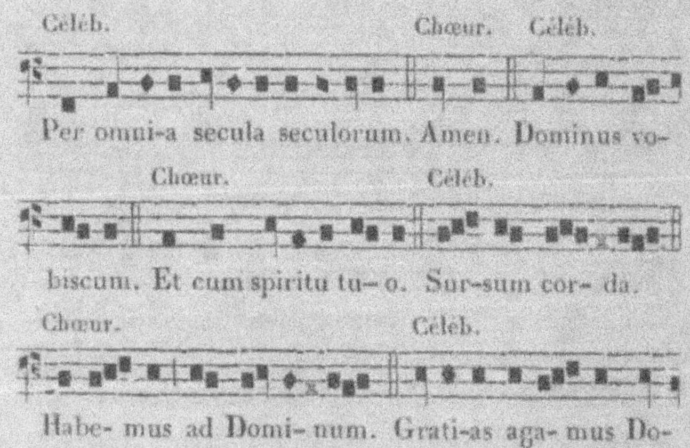

Chœur.

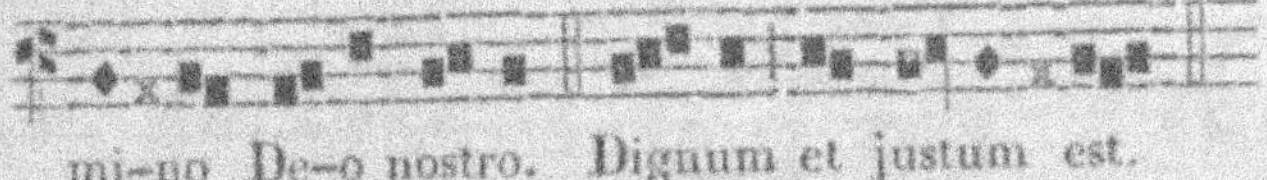

En certaines églises, le chant de la préface, pour les
féries, est exécuté ainsi qu'il suit :

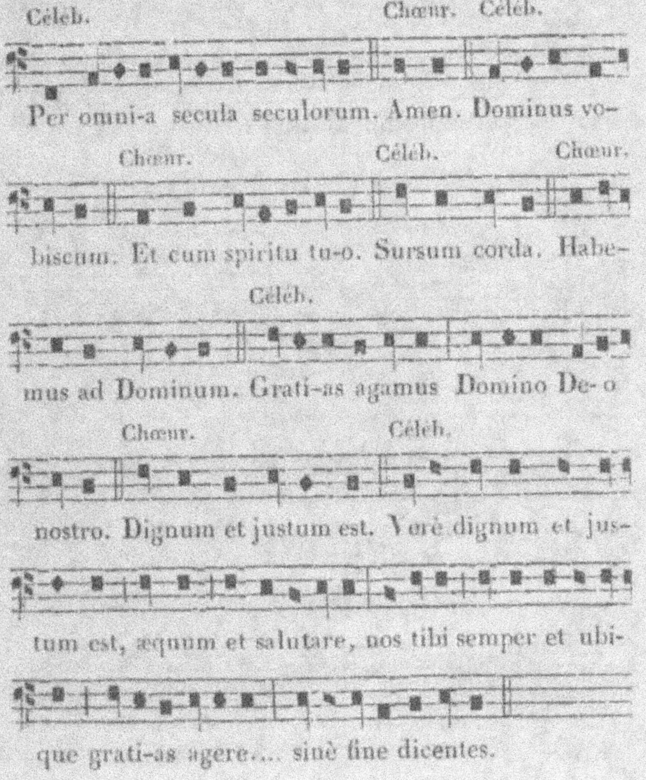

À la fin du *Pater*, le chœur répond ainsi :

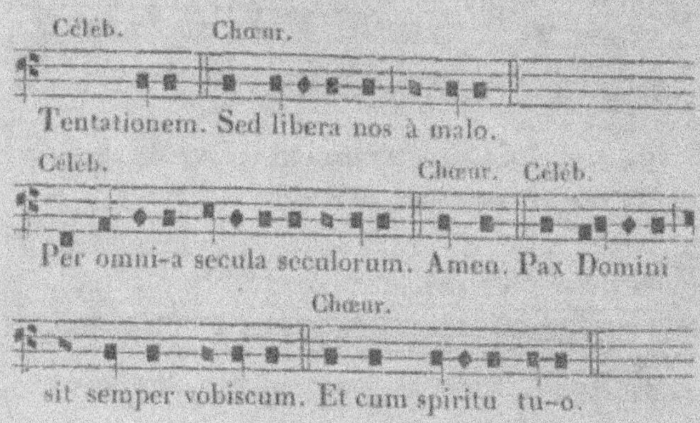

§ VII. — De l'Ite, missa est.

Annuel-majeur et mineur. — Dumont.

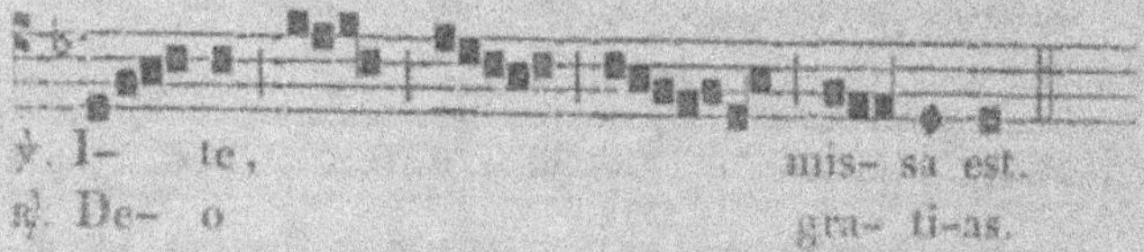

Solennel-majeur.

Solennel-mineur.

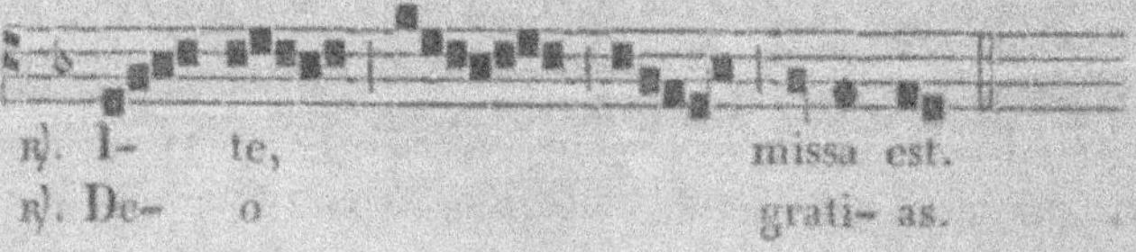

Double-majeur.

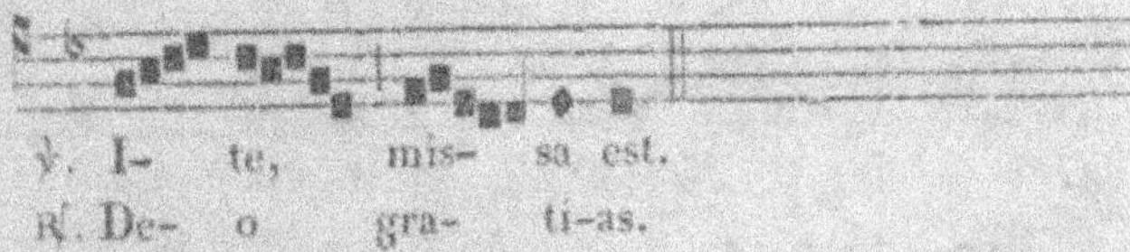

℣. I- te,   mis-   sa est.
℟. De- o   gra-   ti-as.

Double-mineur.

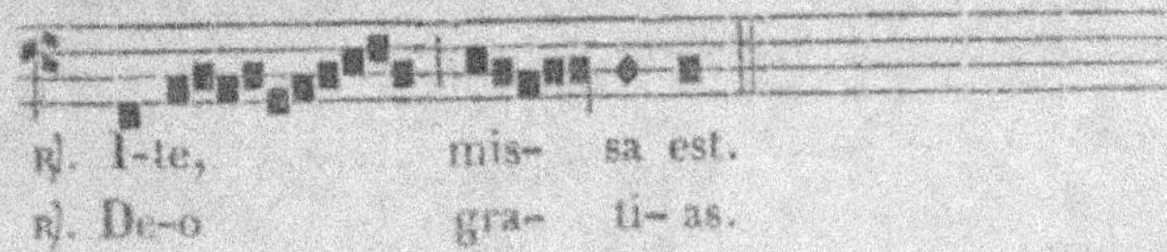

℟. I-te,   mis- sa est.
℟. De-o   gra-   ti- as.

Semi-double.

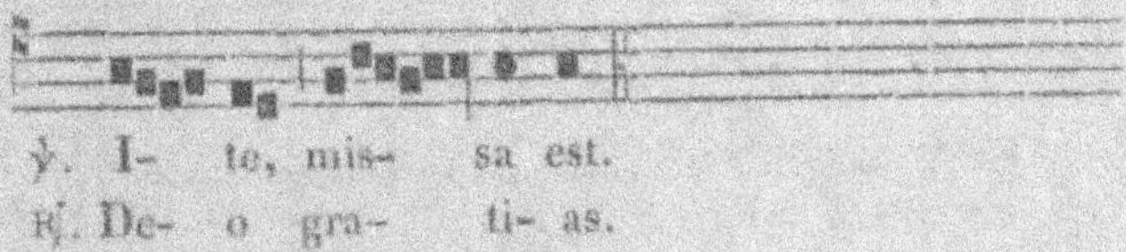

℣. I- te, mis-   sa est.
℟. De- o gra-   ti- as.

Simple et férie.

℣. Ite, missa est.
℟. De-o grati- as.

Les Dimanches dans l'Octave des annuels.

℣. I-   te,   missa est.
℟. De-   o   grati- as.

Les Dimanches ordinaires.

Quand on doit chanter le *Benedicamus* à la messe, on prend celui des vêpres.

Messe des Morts.

Céléb.   Chœur.

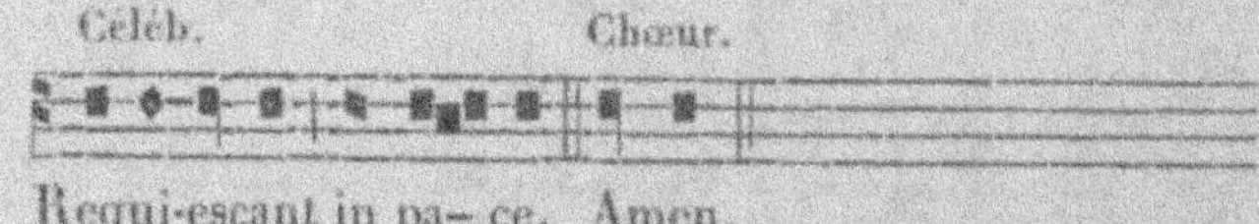

§ VIII. — DE LA BÉNÉDICTION DU SAINT-SACREMENT.

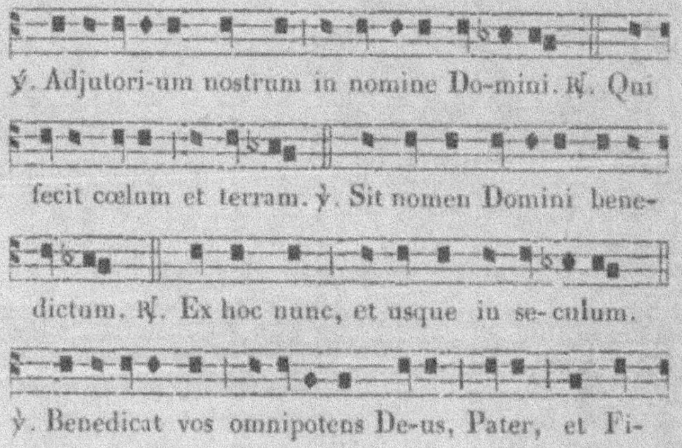

li-us, et Spiritus sanctus. ℟. Amen.

§ IX. — Du Gloria Patri des Introït, des Alleluia des Introït, Offertoires, Communions pour le temps de Pâque.

Ces chants communs, pour les différens tons, se trouvent dans le Graduel.

Article II. — *Chant de l'Ordinaire des Matines, Laudes, Petites-Heures, Vêpres et Complies.*

Cet ordinaire comprend la manière de commencer les offices, l'invitatoire, l'imposition des antiennes, les tons, les *Gloria Patri* des grands répons, les *alleluia* des répons et des antiennes pour le temps de Pâque, les neumes, les versets, les absolutions, bénédictions et leçons, le capitule, le *Benedicamus*, la manière de terminer les offices.

§ I. — De la Manière de commencer les Offices.

1° Matines.

Céléb.   Chœur.

Domine, labi-a me-a aperi-es. Et os me-um annun-

Céléb.

ti-abit laudem tu-am. De-us, in adjutori-um me-um

Chœur.

intende. Domine, ad adjuvandum me festina. Glo-

ri-a Patri, et Fili-o, et Spiritu-i sancto; sicut erat

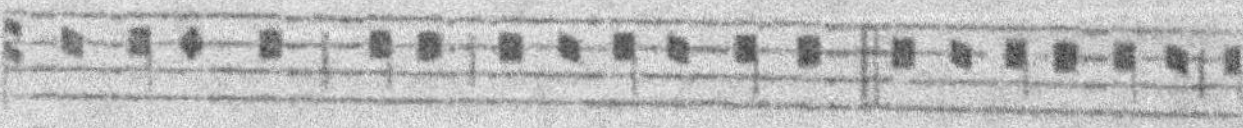

in principi-o, et nunc, et semper, et in secula secu-

lorum. Amen. Alle-lu-ia. *Ou bien* : Laus tibi,

Domine, rex æternæ glori-æ.

2° Petites-heures, laudes, vêpres…

Ces offices se commencent par le *Deus in adjutorium*,
qui se chante comme ci-dessus.

3° Complies.

Céleb.   Chœur.

Converte nos, De-us, salutaris noster. Et averte iram

tu-am à nobis.

Deus in adjutorium, comme ci-dessus.

§. II. — De l'Invitatoire.

Le chant de l'*invitatoire*, pour les différens tons, se trouve au grand Antiphonaire.

§. III. — De l'Imposition des Antiennes.

L'*imposition* consiste en un ou plusieurs mots qu'on est dans l'usage de chanter immédiatement avant l'intonation de chaque psaume. Ces mots sont toujours pris du commencement de l'antienne appartenant au psaume qu'on veut chanter. Ils doivent être courts et cependant former un certain sens.

On a établi l'usage des impositions : 1° pour donner au choriste, qui doit entonner le psaume, le temps de le prévoir; 2° pour interrompre, dans sa mémoire, l'impression qui pourrait lui rester du ton que l'on vient de quitter; 3° pour le guider dans son intonation.

Cette dernière considération fait sentir que l'usage de faire servir à l'imposition le chant du commencement de l'antienne, tel qu'il se trouve noté, est tout-à-fait abusif; car le commencement de l'antienne étant relatif à la finale du psaume et non à l'intonation, et ces deux parties de la psalmodie étant bien opposées, quant à la modulation, ce serait bien mal aider le choriste que de lui présenter un chant étranger à celui qui doit l'occuper.

Cette considération fait également sentir qu'il est très-utile que l'imposition se termine toujours par la dominante du psaume que l'on va entonner, c'est-à-dire, par la dominante sur laquelle règne le ton du chœur.

La manière d'imposer les antiennes varie beaucoup :
il faut donc se conformer aux usages du diocèse où on
se trouve. Voici toutefois la manière la plus généralement suivie. Elle fait atteindre le but de l'imposition
et favorise singulièrement l'unisson des dominantes :
elle est d'ailleurs d'une exécution bien facile.

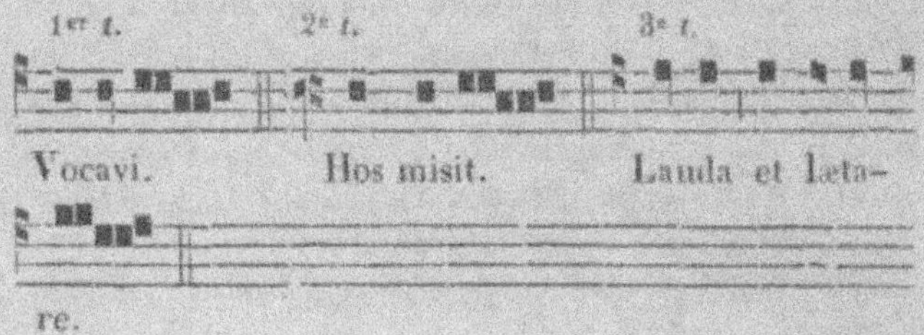

Ce genre d'imposition pourrait être aussi suivi pour
l'office des morts : cependant, comme les crochets ne
sont pas d'usage dans cet office, on peut les retrancher
de l'imposition et la chanter *recto tono*.

On peut encore faire ces impositions de cette manière :

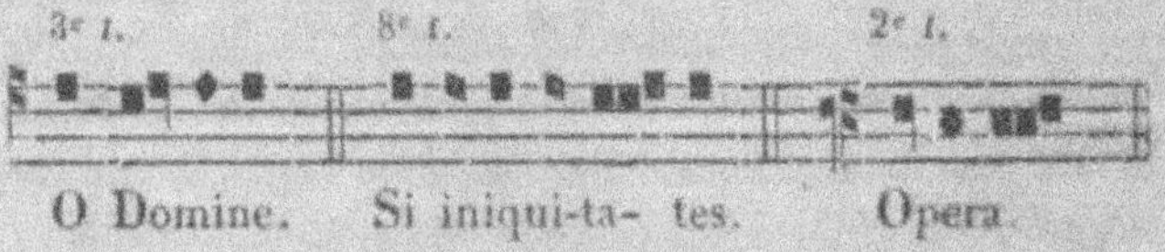

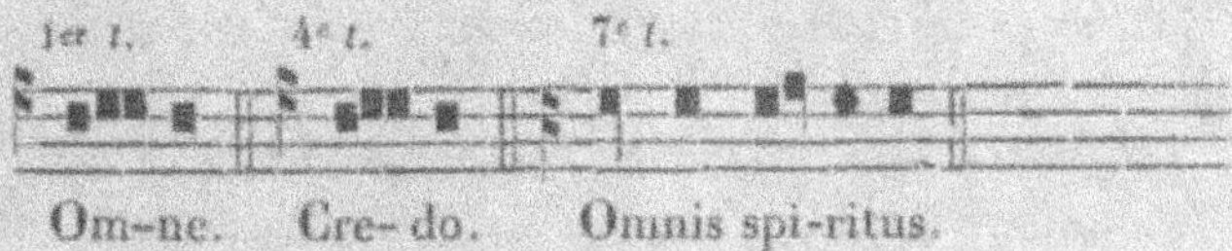

Om-ne.   Cre- do.   Omnis spi-ritus.

§ IV. — Des Tons.

Ces chants communs des psaumes, pour les différens tons, se trouvent au chapitre de la psalmodie.

§ V. — De Gloria Patri des grands Repons, des Alleluia des Repons et des Antiennes pour le temps de Paque.

Ces chants communs, pour tous les tons, sont notés dans l'Antiphonaire.

§ VI. — Des Neumes.

La *neume* est une mélodie qui se fait à la fin des antiennes, sans y joindre aucune parole. Le but de la neume est de donner une courte récapitulation du ton sur lequel on vient de chanter. L'usage en est très-ancien dans le chant ecclésiastique. « La neume, dit saint Augustin, est un cri de jubilation par lequel le cœur s'efforce de proférer, par des chants confus, ce qu'il ne peut exprimer par des paroles. Nous ne pouvons célébrer l'être de Dieu comme il le mérite ; cependant nous ne devons pas nous taire : que reste-t-il donc, si ce n'est d'exprimer nos transports par des sons inarticulés ? »

Chaque ton a une neume propre. Elle sert pour toutes les antiennes composées sur ce ton.

Dans les fêtes annuelles, la neume se chante à la fin

de toutes les antiennes des matines, laudes, petites-heures, vêpres.

Dans les fêtes solennelles, elle ne se chante qu'après la dernière antienne des matines, laudes, vêpres, et celle de *Benedictus* et de *Magnificat*.

Dans les fêtes doubles, elle se chante seulement après l'antienne de *Benedictus* et de *Magnificat*.

On ne chante jamais de neume, 1° dans les semi-doubles et au-dessous; 2° dans l'office des morts; 3° depuis le Jeudi-saint jusqu'aux vêpres du samedi après Pâque; 4° à la fin des antiennes de prime et de complies; 5° à la fin des antiennes pour les mémoires.

Le chant des Neumes, pour les différens tons, est noté dans l'Antiphonaire.

§ VII. — Des Versets.

On distingue deux sortes de *versets :* les versets avec neume et les versets simples.

1° Versets avec neume.

Les versets qui se chantent avec une neume sont ceux qui suivent la 3e antienne de chaque nocturne; ceux qui se trouvent après l'hymne des laudes et des vêpres; ceux enfin qui suivent le répons que l'on chante à la procession avant la messe.

Chaque fois que le verset se chante avec une neume, le chœur ne répond point; mais il en récite la réponse tout bas, pendant que l'on chante la neume. Cette règle, quoique communément violée, est clairement consignée dans les rubriques.

Versets avec Neume pour les temps ordinaires.

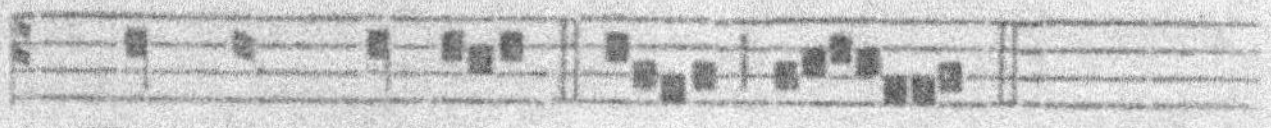

℣. Tanquam sponsus.

Versets avec Neume pour les Ténèbres de la Semaine-Sainte.

℣. De-us me-us, e-ripe me de manu pec-ca-toris.

Versets avec Neume pour les Matines des Morts.

℣. Ne tradas besti-is animas confitentes ti- bi.

2° Versets simples.

℣. Emittes spiritum tu-um, et cre-abuntur. ℟. Et re-

novabis faci-em terræ.

Lorsque le verset se termine par un monosyllabe
ou nom hébreu indéclinable, il se chante ainsi :

℣. Principes populorum congregati sunt. ℟. Cum De-o

su-o.

Lorsque le répons se termine par un monosyllabe ou nom hébreu indéclinable, il se chante ainsi :

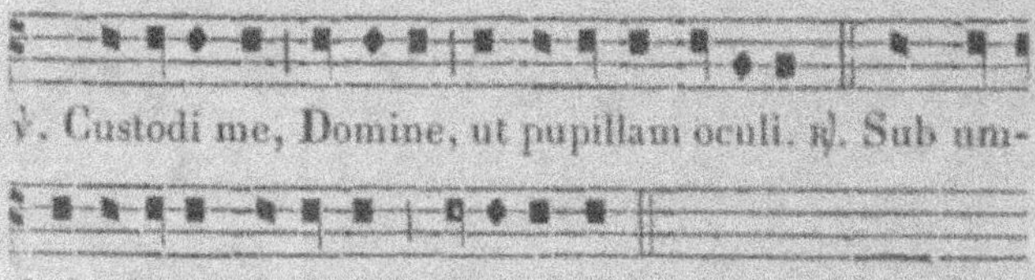

℣. Custodi me, Domine, ut pupillam oculi. ℟. Sub um-

brâ alarum tu-arum protege me.

§ VIII. — DES ABSOLUTIONS, BÉNÉDICTIONS ET LEÇONS.

Après le chant du verset, le chœur récite le *Pater* à voix basse : arrivé à ces mots, *et ne nos inducas….,* le célébrant chante ainsi qu'il est marqué ci-dessous.

L'usage de chanter ces deux mots *Pater noster* est contraire aux rubriques qui prescrivent de réciter tout le *Pater* secrètement, jusqu'à ces mots : *et ne nos…*

Céléb.

℣. Et ne nos… tentati-onem. ℟. Sed libera nos à malo.

Céléb. abs.   Chœur. Lecteur.

Adaperi- at e- um. Amen. Jube, domne, benedi-

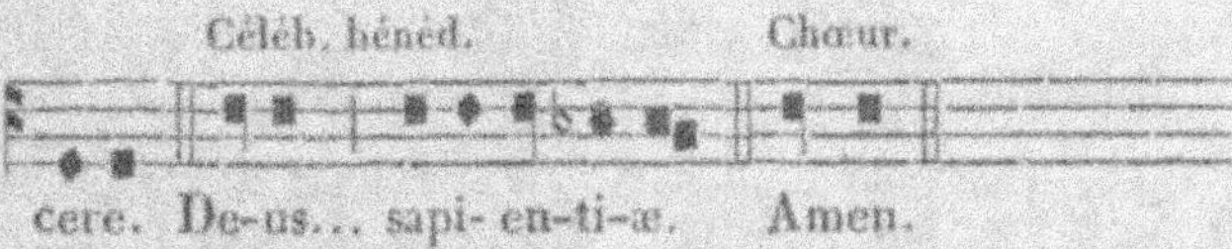

Le corps des *leçons* se chante *recto tono*. Les inflexions de voix ne se font que devant le point. Or, le
point peut être ordinaire, interrogatif et admiratif,
final.

1° Point ordinaire.

Quand la phrase se termine par un mot ordinaire,
on abaisse à la quinte la dernière syllabe, ou les deux
dernières, si la pénultième est brève.

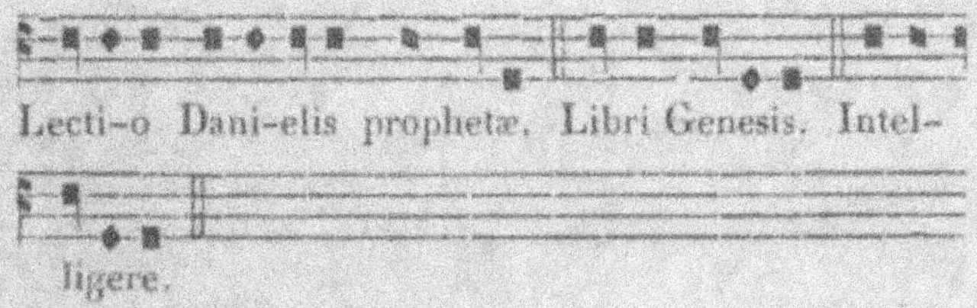

Quand le mot qui termine la phrase est monosyllabe,
nom hébreu indéclinable ou au nominatif, on chante
la dernière syllabe sur une diaptose.

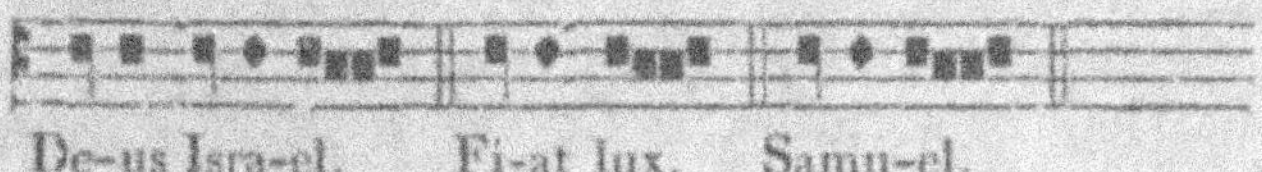

Quand le nom hébreu est déclinable et qu'il se
trouve à un autre cas que le nominatif, on le chante
comme les mots ordinaires. Il n'y a d'exception que

pour le mot *Jesus*, qui se chante toujours comme s'il était indéclinable.

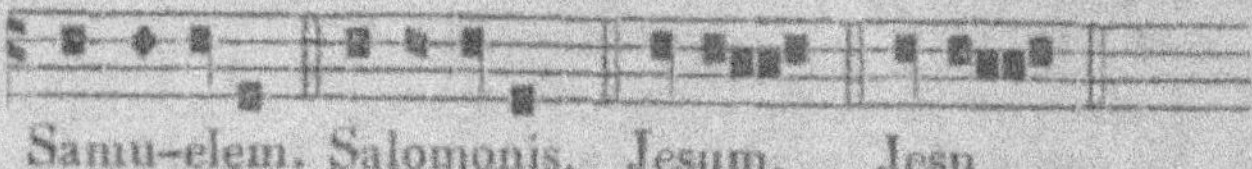

2° Points d'interrogation et d'admiration.

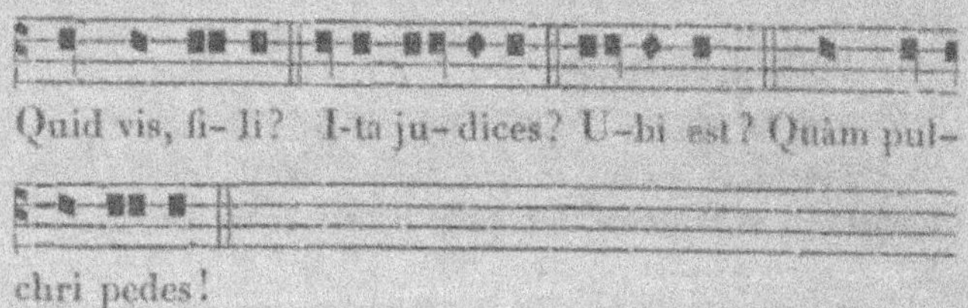

3° Point final ou conclusion.

Quand les leçons se terminent par *Tu autem, Domine*, on fait le point final comme un point ordinaire. On conclut ensuite de la manière suivante.

Quand les leçons ne se terminent point par *Tu autem Domine…*, comme celles d'Isaïe en Avent, de Jérémie au temps de la Passion, et celles des morts, on conclut ainsi par une diaptose.

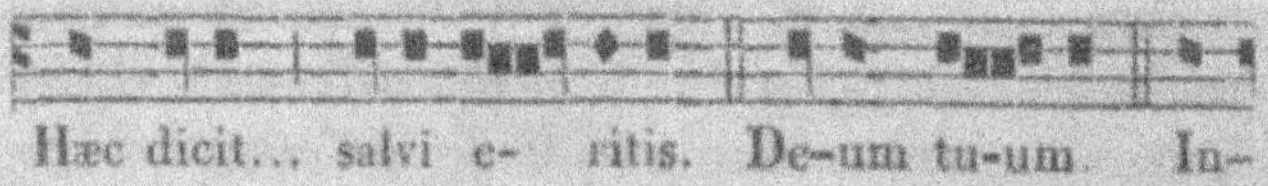

ha-   bitat.

§ IX. — Du Capitule.

Le *capitule* se chante *recto tono*, avec une seule inflexion de voix à la fin.

Céléb.   Chœur.

Benedictus... in domo tu- à.   De-o grati-as.

Quand le capitule se termine par un monosyllabe
ou nom hébreu indéclinable, on chante ainsi :

Propè est.   Melchisedech.

§ X. — Du Benedicamus.

Quand il y a orgue, et qu'il ne doit y avoir qu'un
seul *Benedicamus*, l'orgue joue le premier, et le chœur
répond : *Deo dicamus gratias*.

Quand il y a orgue, et qu'il doit être chanté deux
Benedicamus, le chœur chante le premier, et l'orgue
répond ; l'orgue joue le second, et le chœur répond :
Deo dicamus gratias.

Quand il n'y a pas d'orgue, le chœur chante les
Benedicamus, et répond toujours : *Deo gratias*.

Quand il doit être chanté deux *Benedicamus*, le premier est toujours celui du rit inférieur immédiat.

Annuel-majeur et mineur. — Dumont.

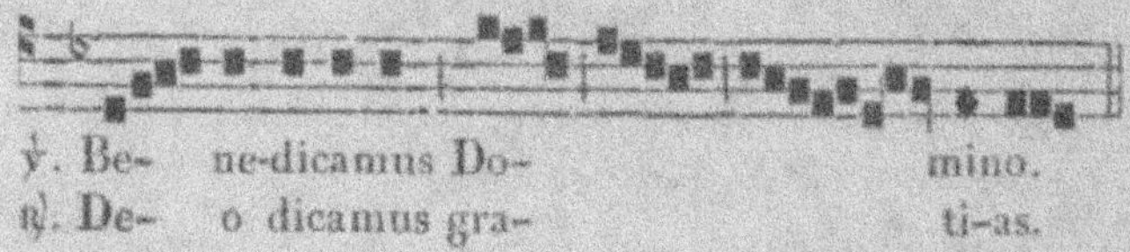

Solennel-majeur.

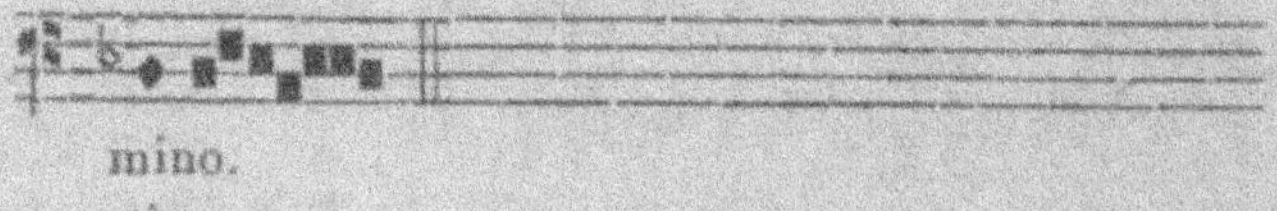

Solennel-mineur.

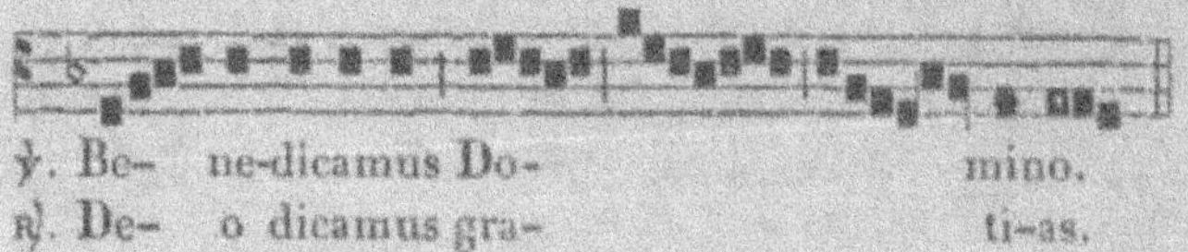

Double-majeur.

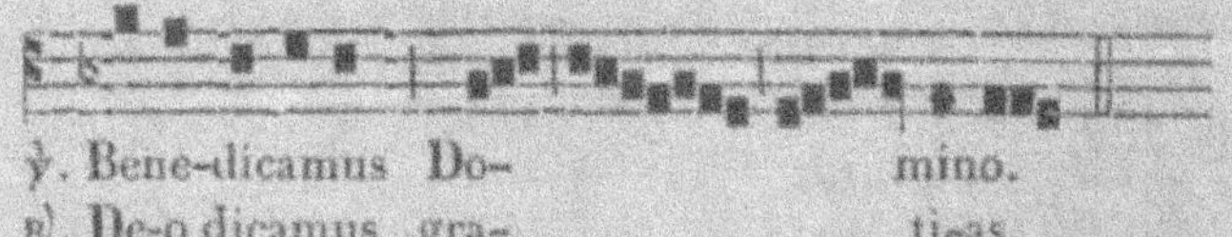

Double-mineur.

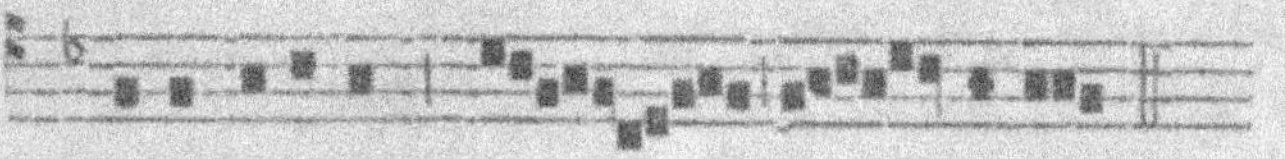

℣. Bene-dicamus Do-   mino.
℟. De-o dicamus gra-   ti-as.

Semi-double.

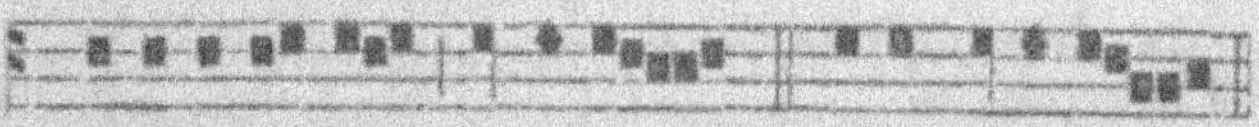

℣. Bene-dicamus Do- mino.
℟. De-o dicamus   gra- ti-as.

Simple et férie.

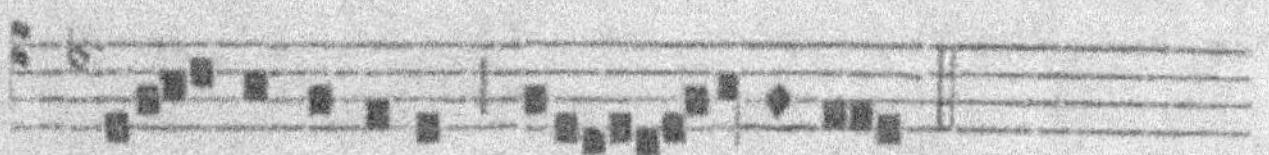

℣. Benedi-camus Domino.   ℟. De-o gratias.

Dimanche dans l'Octave des annuels.

℣. Be-   ne-dicamus Do-   mino.
℟. De-   o dicamus gra-   ti-as.

Dimanches depuis la Septuagésime jusqu'à Pâque.

℣. Be- ne-dicamus Do-   mino.
℟. De- o dicamus gra-   ti-as.

Dimanche ordinaire.

§ XI. — De la Manière de conclure les Offices.

Les offices se concluent en général par le chant du *Fidelium animæ.*

On ne doit jamais conclure un office, quel qu'il soit, quand il doit être immédiatement suivi d'un autre office ou d'un chant quelconque. C'est donc à tort que dans certaines églises on chante le *Fidelium* après le *Benedicamus* des vêpres, quand elles sont suivies du salut.

Le salut doit être conclu comme tout autre office. Ainsi, après la dernière oraison, le célébrant doit chanter *Dominus vobiscum, Benedicamus, Fidelium animæ.*

Dans les laudes et les vêpres, après la dernière oraison et le *Dominus vobiscum*, le chœur chante un *Benedicamus* conforme au rit de la fête que l'on célèbre, puis le célébrant, si aucun office ne doit suivre, conclut en chantant lui-même *Fidelium.*

Dans les autres offices le célébrant chante le *Benedicamus* lui-même, et le reste.

Céléb.	Chœur.	Céléb.

Dominus vobiscum.　Et cum spiritu tu-o.　Benedi-

Chœur.   Céléb.

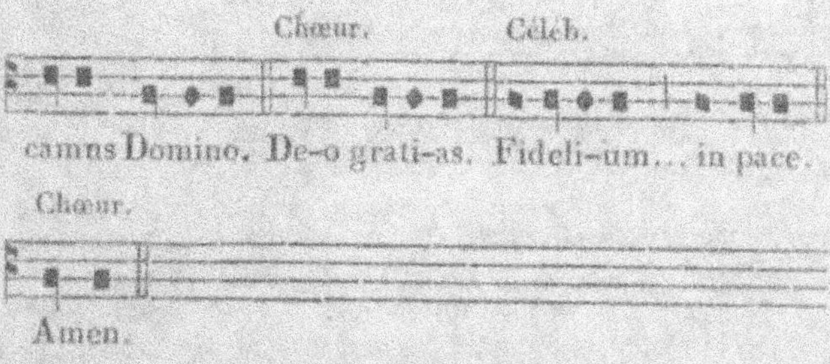

camus Domino. De-o grati-as. Fideli-um… in pace.

Chœur.

Amen.

Dans les complies, avant le *Fidelium*, le célébrant chante sur le même ton de voix : *Gratia…*

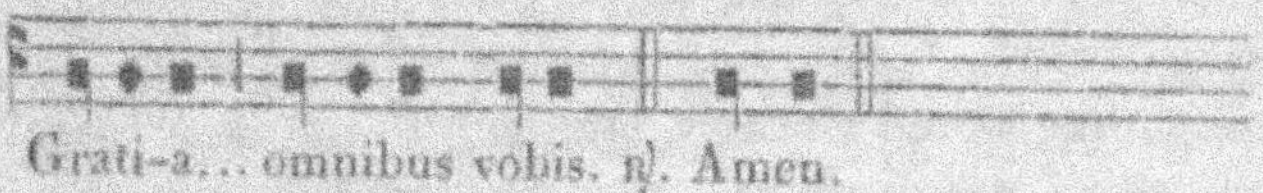

Grati-a… omnibus vobis. ℟. Amen.

Dans l'office des morts, le célébrant conclut en chantant immédiatement après l'oraison : *Requiescant.*

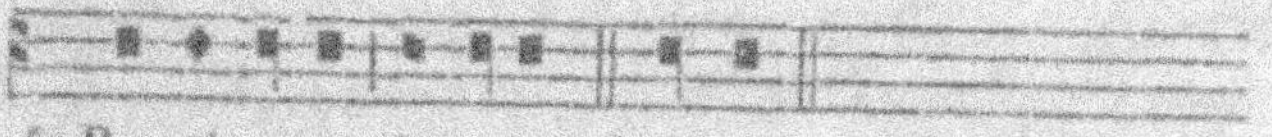

℣. Requi-escant in pace. ℟. Amen.

Dans tous les livres d'églises, l'*Amen* qui conclut l'office des morts tombe d'*ut* en *la*. Nous croyons que c'est une faute d'impression ; car ce mot étant hébreu doit rester sur la dominante. C'est d'ailleurs la manière de chanter partout ailleurs.

CHAPITRE XVI.

EXPOSITION DES AMÉLIORATIONS QU'ON POURRAIT IN-
TRODUIRE DANS LES LIVRES DE CHANT PARISIEN.

Comme la plupart des ecclésiastiques, nous croyons que l'on doit éviter d'introduire de trop fréquens changemens dans la liturgie, tant pour l'uniformité du culte, que pour l'avantage temporel des églises. Nous ne pensons pas cependant, que sous prétexte qu'il faut fuir les innovations, on doive laisser toujours les livres d'églises dans un état d'imperfection, surtout lorsque cette imperfection est reconnue et qu'on en sait le remède. On perfectionne tout par le temps et par l'étude, pourquoi la liturgie seule serait-elle condamnée à rester dans un état constant de stagnation et d'inertie?

Quelque parfaite que soit la liturgie parisienne, il nous semble qu'elle est encore susceptible de grandes améliorations sous le rapport du chant.

Depuis certain nombre d'années des prêtres zélés et éclairés se sont occupés avec beaucoup de succès du perfectionnement du Bréviaire et du Missel, quant aux paroles; et si l'on compare les éditions d'aujourd'hui avec celles qui existaient il y a cent ans, on trouvera entre elles une différence totale, on verra que les nouvelles surpassent de beaucoup les anciennes.

Ce que l'on a fait pour la parole de la liturgie parisienne, on aurait pu le faire pour le chant, car l'amélioration n'était pas moins nécessaire sous ce rapport que sous l'autre. Cependant, et nous ne pouvons nous expliquer pourquoi, on ne l'a point fait. Le chant parisien est encore à peu près tel qu'il existait il y a plusieurs siècles.

On conçoit cependant que la science du chant ecclésiastique ayant fait un immense avancement depuis cette époque, on serait maintenant à même de donner au chant parisien un perfectionnement qu'il n'a pu avoir du premier abord. Nous ne savons si nous voyons bien, mais nous apercevons de grandes améliorations à introduire dans ce chant déjà si parfait.

A notre avis, l'autorité ecclésiastique ferait chose d'une utilité majeure, en permettant de retoucher le chant parisien tel qu'il existe maintenant. Une commission de prêtres éclairés et habiles pourrait être chargée de ce travail si important. Toutes les imperfections seraient remarquées et sérieusement discutées, les améliorations méditées et sagement appliquées. Tous les changemens seraient introduits à la fois, et la liturgie pourrait alors demeurer dans un état fixe pendant plusieurs siècles.

Cette innovation aurait une utilité très-grande, et aucun inconvénient bien marqué. Etant faite et connue d'un seul coup, elle mettrait fin à tous les changemens partiels que les imprimeurs sont toujours tentés de faire subir aux livres, de leur autorité privée.

Dans le cours de cette méthode nous avons eu occasion de signaler les nombreuses imperfections des livres de chant parisien , nous allons les résumer, en ajoutant celles que nous n'avons pas encore mentionnées.

Les améliorations qu'on pourrait introduire concernent la rédaction du chant et la disposition des livres.

Article I. — *Rédaction du Chant.*

1° Adopter pour la notation en général la division de notes que nous avons donnée, ou une autre équivalente. *Page* 15.

2° Mettre des dièses où le sens du chant semble le demander. *Page* 22.

3° Etablir plus d'harmonie entre le sens musical et le sens oratoire des paroles dans certaines pièces de plain-chant battu. Rédiger, par exemple, de manière à chanter : *Ave, verum corpus, natum, de Maria virgine*, et non comme on le fait maintenant : *Ave verum, corpus natum*, etc... et opérer plusieurs autres changemens de même nature. Cependant les améliorations à introduire dans la rédaction même du plain-chant battu seraient fort peu nombreuses. *Page* 66.

4° Faire des barres, pour la ponctuation du plain-chant battu, l'usage que nous avons indiqué, c'est-à-dire, employer la double barre pour le repos final, la grande barre pour le grand repos des fins de phrases ou membres de phrases, la petite barre pour le petit repos du milieu des phrases, et ne plus la placer après chaque mot. *Page* 19.

5° Retrancher dans le plain-chant battu les doubles notes, excepté celles des périélèses et des fins de pièces de chant. Retrancher aussi toutes les notes à queue, excepté celles qui ne servent que de liaison entre des notes éloignées l'une de l'autre, et celles qui précèdent les brèves. *Page* 68.

6° Réformer plusieurs *Kyrie eleison*, *Gloria in excelsis*, et les remplacer par d'autres mieux composés; donner à chaque rit un *Kyrie*, *Gloria*, *Credo*, *Ite missa est*, *Benedicamus*, propres. On sait que les annuels manquent de ces chants, si ce n'est peut-être qu'on y admet *Dumont*, au moins pour les annuels-majeurs; on sait aussi que le rit simple n'est distingué en rien de la férie; on sait enfin que les livres parisiens ne contiennent qu'un seul *Credo* pour tous les rits. Donner aussi pour chaque rit un *O salutaris* propre, pour être chanté à l'élévation. Cette amélioration contribuerait à faire mettre de côté bien des mauvais chants dont nous étourdissent, surtout dans les églises de campagne, des chantres sans goût. Introduire dans les livres, pour les messes des morts, des *Kyrie*, *Sanctus*, *Agnus Dei*, et chants d'élévation, de différens rits. Donner enfin l'invitatoire solennel du 6° ton pour les offices solennels des morts.

7° Rendre, autant que possible, le chant des *Gloria in excelsis* et des *Credo* très-coulant et presque syllabique.

8° Noter toutes les pièces de plain-chant libre selon la manière que nous avons indiquée, en y admettant les syllabes coulées. *Pages* 49 et 85.

9° Noter le plain-chant mesuré, comme la musique, avec des chiffres, des barres de mesure, la vraie valeur dans les notes, etc... *Page* 80.

10° Mettre toutes les hymnes en plain-chant mesuré, ou au moins syllabique. Pour cela corriger *et*

ramener à cette sorte de chant les hymnes en plain-
chant battu qui existent déjà. Donner à chaque hymne
un chant propre, surtout à celles des vêpres de tous
les dimanches et fêtes. Pour cela composer de nouveaux chants, ou en prendre dans les diverses liturgies qui existent dans les différens diocèses de France.
Page 74.

Noter les hymnes dans toutes leurs strophes, surtout
celles des vêpres des dimanches et fêtes. Que d'épineuses
difficultés on lèverait par là pour les chantres peu exer-
cés ! que de choquantes violations des règles sur la
quantité, les repos, la bonne déclamation, on épargne-
rait ! que de discordantes altérations du chant on arrêterait enfin, surtout dans les églises de campagne. Cependant on conçoit que cette notation de toutes les
strophes deviendrait moins nécessaire, si toutes les
hymnes étaient composées en plain-chant mesuré. Le
chant en lui-même serait alors plus facile à retenir de
mémoire, et l'application de ce chant aux paroles des
strophes non notées présenterait moins de variété, et
partant moins de difficulté. *Page 74.*

11° Mettre aussi toutes les proses en plain-chant
mesuré ; en conséquence introduire quelques correc-
tions dans les proses notées en plain-chant battu, telles
que *Dies iræ* et quelques phrases de *Lauda Sion*. —
Donner à chaque prose un chant propre ; noter toutes
les proses du Commun et les autres proses qui se trouvent au bout du Missel : pour cela, composer encore
de nouveaux chants, ou y adapter des chants pris dans
les diverses liturgies de France.

12° Introduire quelques changemens, en faveur des

églises où il n'y a qu'un seul prêtre et un seul chantre, dans la rubrique qui prescrit d'exécuter à trois ou quatre chœurs les diverses litanies de la Semaine sainte. — En général, rendre les cérémonies de cette semaine et autres plus appropriées aux petites paroisses, soit pour le chant, soit pour tout le reste. — En général, indiquer davantage les rubriques dans les livres lorsqu'elles doivent être mises en application.

ARTICLE II. — *Disposition des Livres.*

Le chant de la liturgie parisienne se trouve disséminé en bien des livres différens : *Missel*, *Graduel*, *Antiphonaire*, *Semaine sainte*, *Office des Morts*, *Processionnal*, *Rituel*, *Supplément au Graduel pour les fêtes de la semaine*, et autres supplémens. L'acquisition de ces différens livres entraîne nécessairement de grandes dépenses, et puis on a inutilement les mêmes chants répétés en plusieurs livres. Il nous semble qu'on pourrait suivre une autre disposition, et renfermer en quatre livres, Missel, Graduel, Antiphonaire, Rituel, tout ce qui concerne le chant dont on a besoin dans les paroisses ordinaires. Voici quelques changemens qu'on pourrait introduire dans l'arrangement des livres.

1° Mettre au commencement du *Missel* le chant de l'ordinaire de la messe, en ce qui concerne le célébrant. Ces chants s'y trouvent déjà pour la plupart; mais ils sont éparpillés çà et là et mal en ordre. — Donner dans le Missel les Passions notées du dimanche des Rameaux et du Vendredi saint. Il serait inutile de noter les deux autres Passions, puisque, par le fait, elles ne sont jamais chantées. Du reste, la disposition du Missel est parfaitement combinée, et ne demande aucun changement notable.

2° Retrancher du *Graduel* et de l'*Antiphonaire* tout ce qui ne se chante que dans les cathédrales, comme ce qui concerne les petites-heures (excepté complies), les matines, les laudes, les vêpres de toutes les fêtes qui ne peuvent se célébrer le dimanche. Ces différens chants sont complètement inutiles pour les paroisses ordinaires : on les réunirait en un seul volume que les cathédrales seules devraient se procurer.

3° Noter au commencement du *Graduel* le chant de l'ordinaire de la messe, en ce qui concerne le chœur. Ces chants se trouvent très - mal classés dans les livres. — Noter à chaque jour le répons pour la procession avant la messe, avec le verset et l'oraison. — Insérer au Graduel les messes telles qu'elles sont au Missel, pour tous les jours et toutes les fêtes de l'année, de quelque rit qu'elles soient. Dans la plupart des églises de campagne on chante la messe chaque jour : ne serait-il pas utile pour ces églises de pouvoir chanter les messes propres sans faire l'acquisition de divers supplémens particuliers ? — Noter toutes les proses du Commun des saints et les autres qui se trouvent à la fin du Missel.

4° Mettre au commencement de l'*Antiphonaire* le chant de l'ordinaire de l'office divin, en ce qui concerne ce livre. Ces chants sont omis pour la plupart, ou ils sont en très-mauvais ordre. — Insérer les matines et laudes de Noël, les ténèbres de la Semaine sainte avec les lamentations, l'office des morts avec ses leçons et celles de la Commémoration, les litanies du saint nom de Jésus, de la sainte Vierge, des Saints, les chants des saluts pour les différentes saisons de l'année, tels que *Rorate*, *Attende*, etc. ; tout ce qui se trouve au Processionnal concernant les mémoires des Saints et autres ; enfin tout ce qui concerne l'enterrement des adultes et des enfans, à l'exception des messes.

5° Transporter au *Rituel* tout ce que renferme le Processionnal concernant les diverses cérémonies.

Par cette nouvelle disposition, qu'il est d'ailleurs facile de réaliser, on retrancherait quatre livres différens : *Office des morts*, *Supplément au Graduel et à l'Antiphonaire*, *Semaine sainte*, *Processionnal*, qui seraient confondus dans le *Missel*, le *Graduel*, *l'Antiphonaire* et le *Rituel*. Tout chantre aurait sous la main, en deux volumes, Graduel et Antiphonaire, tous les chants qu'il peut avoir besoin d'exécuter. Cette amélioration ne serait-elle pas précieuse ?

Il va sans dire que, comme maintenant, on ferait du Graduel et de l'Antiphonaire deux éditions différentes, l'une in-folio pour les lutrins, l'autre in-douze pour être portée à la main selon le besoin.

Il serait inutile d'insérer dans l'édition in-folio tout ce qui devrait être chanté hors du chœur.

Telles sont en abrégé nos idées sur les améliorations à introduire dans la rédaction et la disposition des livres de chant parisien. Nous communiquons ces idées sans aucune vue ultérieure, et dans le seul but de mettre nos lecteurs à même de juger sainement de l'état actuel de cette liturgie.

TROISIÈME PARTIE.

DE LA MANIÈRE D'ENSEIGNER LE PLAIN-CHANT.

Avant d'entreprendre de former un élève, le maître devra s'assurer de ses dispositions : pour cela il émettra différens sons, et il proposera à l'élève de les répéter exactement. Si ce dernier ne peut saisir ces sons qui lui sont proposés, et qu'après plusieurs jours d'essai et de tentatives réitérées il ne peut encore y parvenir, c'est une preuve qu'il manque d'oreille et de dispositions ; il faut donc lui conseiller de ne pas entreprendre l'étude du chant, car il y perdrait sa peine et son temps.

Si cependant l'élève était fort jeune, il faudrait moins désespérer ; car souvent ce que l'on n'avait pas saisi dans l'enfance, on le saisit avec plus de facilité lorsque les organes sont mieux formés.

Si, après ces premières épreuves, le maître reconnaît dans son élève quelque aptitude pour l'étude du chant, il devra, pour le former, le faire procéder successivement par quatre opérations, savoir : nommer, solfier, vocaliser, chanter.

Nommer, c'est donner à chaque note son nom propre sans proférer aucun son.

Solfier (1), c'est proférer le son des notes en prononçant en même temps leur nom, comme *ut*, *ré*, *mi*, etc.

Vocaliser, c'est proférer le son des notes e n prononçant une seule et même syllabe, comme *a*, *a*, *a*.

Chanter, c'est proférer le son des notes en prononçant des paroles.

Ire OPÉRATION. — *Nomination*.

Le maître devra d'abord expliquer à son élève le chapitre sur les élémens du plain-chant et celui sur les signes.

Il devra ensuite l'exercer à nommer ou à lire les notes. Il pourra, pour ce travail, faire usage des exercices que nous donnons dans la deuxième opération, c'est-à-dire commencer par la gamme, et choisir ensuite des pièces d'une difficulté graduée.

Quand l'élève sera parvenu à lire facilement et imperturbablement les notes sur les deux clefs et leurs diverses positions, il passera à la deuxième opération.

En même temps qu'il apprendra à nommer les notes, l'élève pourra étudier le chapitre sur les intervalles et celui sur les tons.

---

(1) Le mot *solfier* doit son origine à la réunion des deux notes *sol* et *fa*; le *sol* était, comme on le sait, le point de départ de la gamme de *Guy d'Arezzo*.

IIe Opération. — *Solmisation.*

C'est dans cette opération que l'élève va former sa voix ; il est donc juste que le maître lui donne des soins particuliers. Il doit pour cela :

1° Ne laisser d'abord émettre à son élève que des sons faibles, et tels, pour ainsi dire, que les produirait la voix de parole ; ne les faire grossir que par gradation et à mesure que se formera sa voix. Par cette pratique, l'élève fait passer insensiblement dans sa voix de chant la justesse que possède déjà sa voix de parole.

2° Empêcher l'élève de chanter trop haut. Cette mauvaise habitude fausse la voix et en détruit le timbre.

3° Ne pas trop chanter lui-même avec son élève. Ce dernier alors n'écoutant que son maître, répéterait, il est vrai, des sons, mais il ne les trouverait pas lui-même et ne prendrait jamais assez d'aplomb et de fermeté. Le maître devra seulement, à chaque exercice, chanter une ou deux fois avec son élève pour lui former le goût. Si cependant l'élève avoit une voix fausse, il faudrait chanter plus souvent avec lui, pour la redresser.

4° Ne pas laisser chanter plusieurs élèves en même temps. Car dans ce cas le plus faible se dirigerait d'après le plus fort, et non d'après sa propre science. Il serait d'ailleurs moins facile au maître de faire à chacun les observations que nécessitent ses défauts particuliers. Cependant quand les élèves commencent à se familiariser avec le chant, il est utile de les faire chan-

ter ensemble, afin de les accoutumer à chanter en
chœur.

5° Laisser souvent l'élève se remettre lui-même,
quand il s'est trompé, et pour cela lui faire employer
ce qu'on appelle la *décomptation*. Le maître pourra se
contenter de lui dire : Vous n'y êtes plus, c'est trop
haut, c'est trop bas, vous faites telle note au lieu de
telle autre note, un ton au lieu d'un demi-ton. C'est la
méthode que suivait le pape saint Grégoire lorsqu'il en-
seignait le chant ; on dit même que l'on conserve encore
à *Rome* l'instrument de correction à l'aide duquel il
faisait sentir à l'élève qu'il étoit tombé dans quelque
faute.

6° Être exact à former son élève selon les vrais principes, et à corriger les moindres défauts de sa voix, avant
que l'habitude vienne invétérer le mal, et peut-être le
rendre incurable.

7° Chez l'homme, à l'âge de puberté, la voix éprouve
un changement qu'on appelle la *mue*. Le maître doit
se garder de forcer son élève tant soit peu pendant tout
ce temps, s'il ne veut lui faire perdre sans retour la
voix de chant dont l'extinction se fait quelquefois sentir
jusque dans la voix de parole.

L'élève s'exercera d'abord à solfier la gamme :

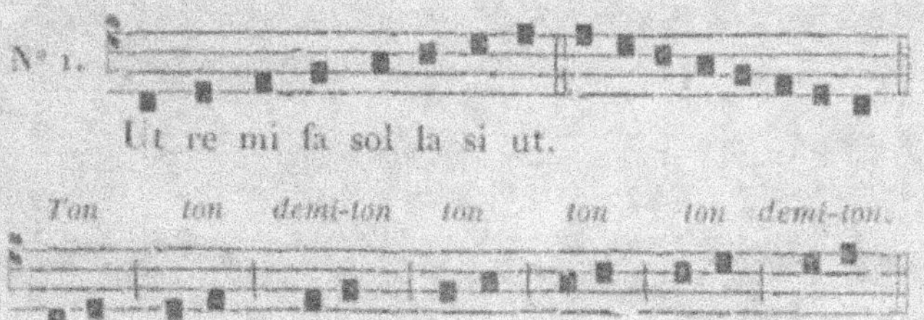

L'élève sera ensuite soumis à l'exercice suivant : Il solfiera d'abord la gamme, en commençant par *ut*, comme ci-dessus. Il solfiera ensuite en commençant successivement par *ré*, par *mi*, *etc.*, en ayant soin de donner à ce *ré* ou à ce *mi* le degré de hauteur qu'il a donné à l'*ut*, et de laisser les demi-tons de *mi* à *fa* et de *si* à *ut*. Cette pratique empêchera la routine, et forcera l'élève à faire d'une manière sûre, tant de l'oreille que de la voix, la distinction des tons et des demi-tons.

L'exercice pourra se continuer jusqu'au *si* inclusivement. L'élève passera ensuite aux leçons suivantes.

Exercices sur les intervalles.

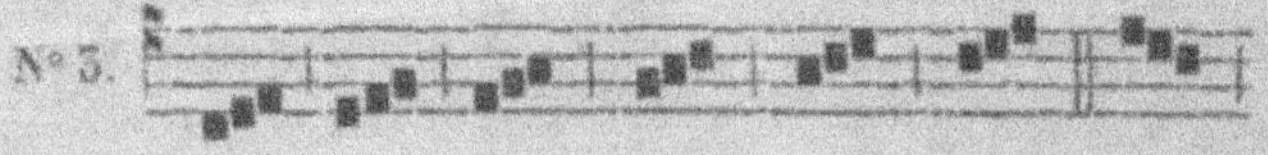

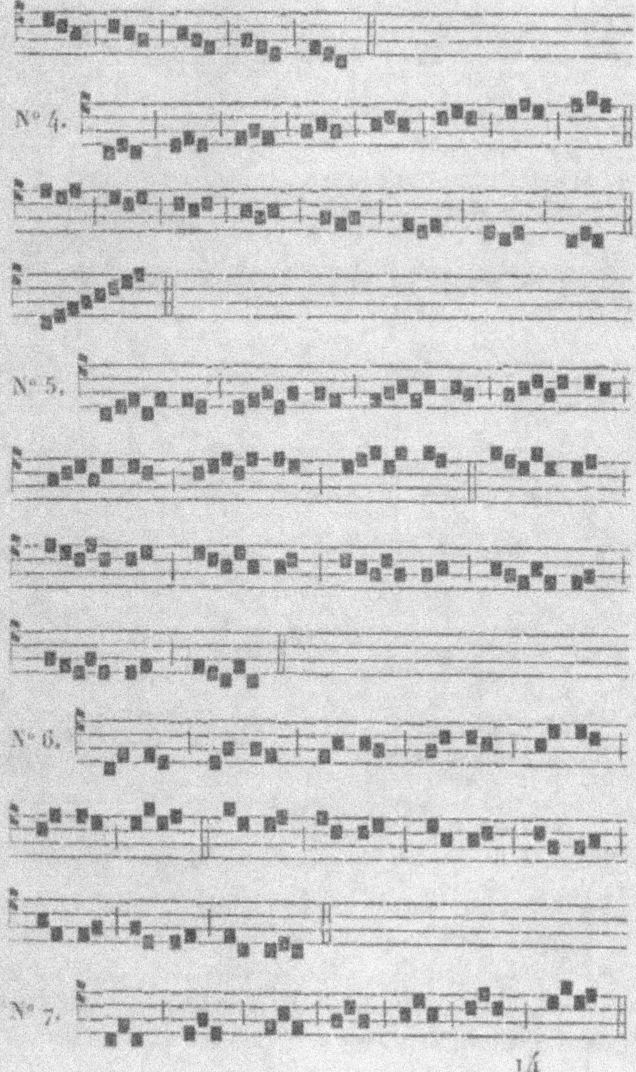

14

Il nous semble qu'il serait convenable de ne pas faire passer à l'élève un temps trop long dans les exercices sur les intervalles de quinte, de sixte, etc.... Nous les croyons d'une exécution trop difficile pour un jeune élève. Il s'habituera beaucoup plus facilement à former ces intervalles, en les exécutant à mesure qu'ils se présenteront dans les pièces de chant. Le sens de la phrase musicale lui sera alors d'un grand secours. Ces exercices très-arides sont d'ailleurs de nature à lasser l'élève.

Exercices sur les diverses positions des Clefs.

Exercices sur les Notes bémolisées et diésées.

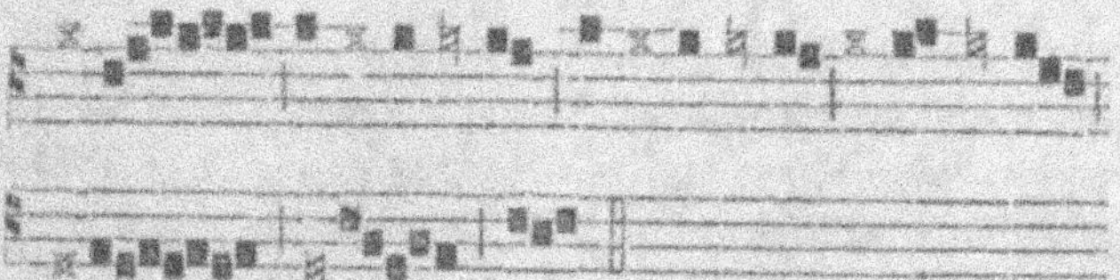

Ces exercices achevés, l'élève pourra prendre un livre de chant quelconque, et solfier indifféremment sur toutes les clefs et sur tous les tons. Il sera bien cependant de choisir d'abord des Antiennes et autres chants d'une exécution plus facile.

Le maître devra l'accoutumer à donner au chant, en solfiant, le même sens que s'il chantait les mots. Pour cela il lui fera étudier les chapitres sur le mouvement, les repos, la respiration, le plain-chant battu et la position du corps.

Lorsque l'élève saura solfier avec facilité toute pièce de chant, il passera à la troisième opération.

IIIᵉ Opération. — *Vocalisation.*

La vocalisation est ignorée de la plupart des maîtres ; cependant l'expérience prouve qu'elle renferme de très-grands avantages. Elle accoutume l'élève à émettre des sons, sans prononcer le nom des notes qui les représentent ; elle le prépare insensiblement à émettre les mêmes sons, en prononçant des syllabes différentes de celles qui forment le nom des notes, et par suite, en prononçant des syllabes quelconques, c'est-à-dire, des paroles. Il faut donc s'arrêter long-temps sur cette opération et sur la précédente. Plusieurs méthodes exigent qu'on leur donne les deux tiers du temps requis pour apprendre le plain-chant. En conséquence, les maîtres doivent se garder d'user de trop de complaisance envers leurs élèves qui, sous le faux espoir de marcher plus vite, ne manquent jamais de vouloir passer trop tôt aux paroles. Il faut, avant de chanter, savoir parfaitement solfier et vocaliser.

On pourra, dans cette opération, exécuter les exercices donnés pour l'opération seconde, et ensuite des chants pris dans les livres ordinaires.

IVe Opération. — *Chant.*

En commençant cette opération, l'élève devra étudier les chapitres sur le goût, la voix, la prononciation, l'intonation.

Le maître choisira d'abord pour son élève des chants d'une exécution facile. Dans le commencement il serait bon de faire solfier ou vocaliser une fois chaque pièce avant de la chanter.

Pour graduer les difficultés, le maître devra partager cette opération en trois classes.

Dans la première, il enseignera l'exécution du plain-chant battu. Dans la seconde, celle du plain-chant libre, et en particulier la quantité, la psalmodie et les parties les plus importantes de l'ordinaire de l'office divin. Dans la troisième, il enseignera l'exécution du plain-chant mesuré. Le maître devra faire voir successivement à son élève les chapitres qui concernent ces différens chants.

FIN.

TABLE DES MATIÈRES.

TROISIÈME PARTIE.

FIN DE LA TABLE.